Susann Sitzler

Überleben in Zürich

365 Dinge, die man über diese Stadt wissen sollte

Ch.Links

Ch. Links Verlag, Berlin

Die **Deutsche Nationalbibliothek** verzeichnet diese Publikation in der Deutschen Nationalbibliografie; detaillierte bibliografische Daten sind im Internet über http://dnb.d-nb.de abrufbar.

1. Auflage, März 2008

Schönhauser Allee, 10435 Berlin, Tel.: (030) 44 02 32-0
Internet: www.linksverlag.de; mail@linksverlag.de
Umschlaggestaltung: KahaneDesign, Berlin,
unter Verwendung eines Fotos von Manuel Bauer/
Zürich Tourismus (vordere Umschlagseite)
und Jürgen Held/travelstock44.de (untere Umschlagseite)
Satz: Marina Siegemund, Berlin
Druck und Bindung: Druckerei F. Pustet, Regensburg

ISBN 978-3-86153-466-2

Inhalt

Ausgehen

Ausruhen

Angeben

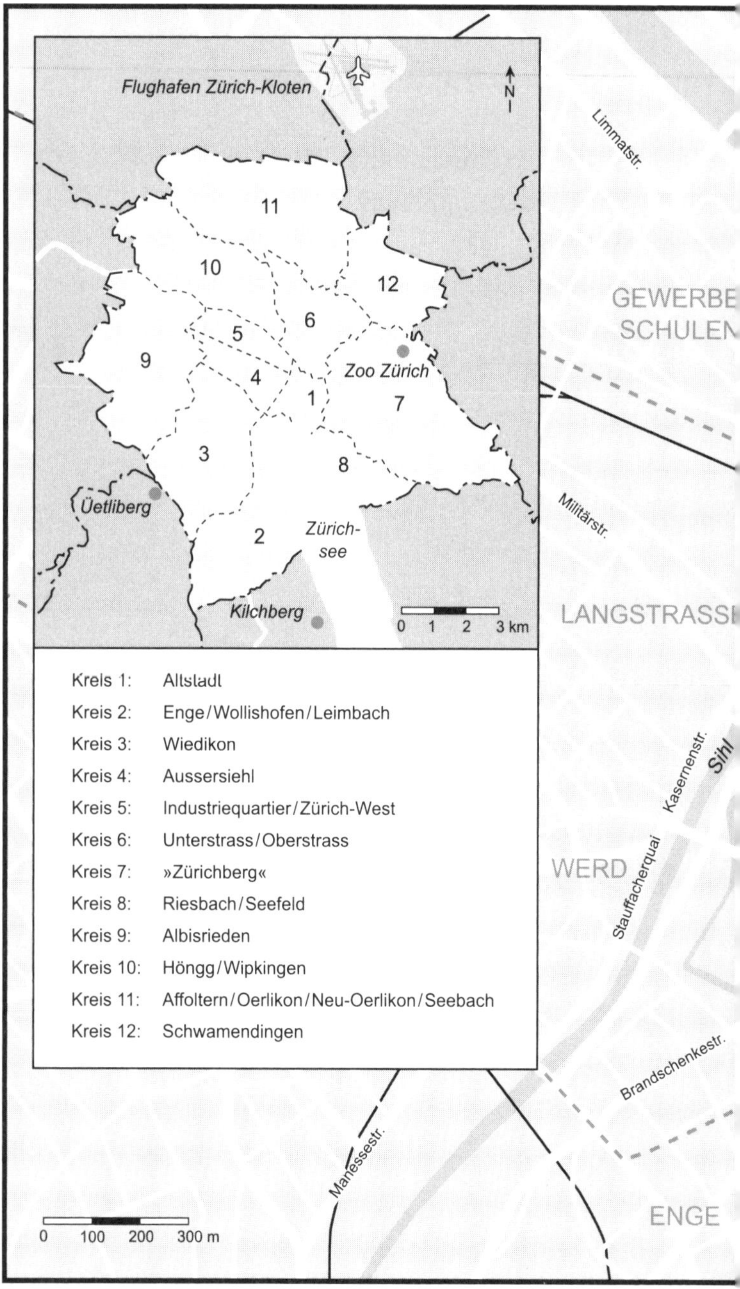
Flughafen Zürich-Kloten
N
11
10
12
6
5
9
4
1
7
3
8
2
Zoo Zürich
Üetliberg
Zürich-
see
Kilchberg
0 1 2 3 km
Kreis 1: Altstadt
Kreis 2: Enge/Wollishofen/Leimbach
Kreis 3: Wiedikon
Kreis 4: Aussersiehl
Kreis 5: Industriequartier/Zürich-West
Kreis 6: Unterstrass/Oberstrass
Kreis 7: »Zürichberg«
Kreis 8: Riesbach/Seefeld
Kreis 9: Albisrieden
Kreis 10: Höngg/Wipkingen
Kreis 11: Affoltern/Oerlikon/Neu-Oerlikon/Seebach
Kreis 12: Schwamendingen
Limmatstr.
GEWERBE
SCHULEN
Militärstr.
LANGSTRASS
Kasernenstr.
Sihl
Stauffacherquai
WERD
Brandschenkestr.
Manessestr.
ENGE
0 100 200 300 m

Seilbahn Rigiblick
UNTERSTRASS
Wasserwerkstr.
quai
Limmat
Gladbacherstr.
OBERSTRASS
Weinbergstr.
Universitätstr.
Hauptbahnhof
Central
FLUNTERN
Polybähnli
Seilergraben
Bahnhofstr.
Uraniastr.
Niederdorf
aniastr.
Rämistr.
LINDENHOF
RATHAUS
Bahnhofstr.
HOTTINGEN
HOCHSCHULEN
Bürkliplatz
Rämistr.
Zeltweg
Schanzengraben
Quaibrücke
Bellevue
Uto-Quai
Zürichsee
N

Zürich ist gewiss keine Stadt, deren Schönheit den Fremden unmittelbar trifft, bewegt und erregt. Zürichs Schönheit hat nichts Plötzliches, nichts augenblicklich Überwältigendes, nichts Direktes. Die Schönheit dieser Stadt muss man allmählich entdecken, Schritt für Schritt, Tag für Tag.

WERNER WOLLENBERGER

Dann liegt da am Ende der Bahnhofstrasse plötzlich dieser See, mitten in der Stadt, und schmiegt sich in diese surreale Bergwelt ein. Das war an meinem ersten Tag hier, und Zürich hat mich direkt ins Herz getroffen.

ANONYME DEUTSCHE

Vorwort

Dass in Zürich etwas anders geworden ist, bemerkte ich im Supermarkt. Ich war mit meinem Mann für ein paar Tage in der Stadt und wollte etwas zum Abendessen einkaufen. »Lass uns doch mal an die Fleischtheke gehen«, wollte ich zu ihm sagen. Was herauskam war: »Chumm, mer gön zerscht schnäll zum Fleisch.« Ich sprach ihn auf Schweizerdeutsch an. Das war absurd, weil er von der Nordseeküste kommt, wir in Berlin wohnen und zusammen hochdeutsch sprechen. Aber in diesem Supermarkt kam es mir plötzlich gefährlich vor, hochdeutsch zu sprechen. Gefährlich für meinen Seelenfrieden. Ich wollte nicht als vermeintliche Deutsche den Unmut meiner Schweizer Landsleute auf mich ziehen. Die Verkäuferin an der Fleischtheke sollte mich nicht als Fremde wahrnehmen. Oder wenigstens bloß als Baslerin, nicht als Deutsche. Alles das geschah rasch und unbewusst, und als es mir klar wurde, war ich erschrocken. Denn es brachte an die Oberfläche, was ich bei vielen Besuchen und einem längeren Aufenthalt in Zürich in den Monaten zuvor immer deutlicher registriert hatte: In der Stadt sieht und hört man immer mehr Deutsche. Und dagegen zeigen immer mehr Schweizer offen ihre Abneigung. Seit jeher waren die Deutschen in der Eidgenossenschaft eine beliebte Zielscheibe mehr oder weniger freundlicher Spöttelei. Ihre schnittigere Sprache, das selbstbewusstere Auftreten, der Umstand, dass man sich als Schweizer von der deutschen Rasanz manchmal überrannt oder genervt fühlt, das war immer Teil des Alltags. Aber der offen zutage tretende Widerwille, den manche Leute nun zeigen, ist neu. Er hängt damit zusammen, dass die Schweizer im täglichen Leben jetzt immer häufiger Deutschen begegnen. Das wiederum hängt unmittelbar mit der Öffnung des Schweizer Arbeitsmarktes durch die bilateralen Verträge mit der EU zusammen. Dadurch ist das Land als Arbeitsort attraktiver geworden. Ungefähr 1000 Deutsche pro Monat ziehen allein nach Zürich. Jetzt haben sie mit ihrer Anzahl offenbar eine Schallmauer durchbrochen. Der Ort verändert sich durch sie schneller, als es manchen Zürchern in ihrer beschaulichen little big city – einer der Slogans der Stadt – lieb ist.

Dieses Buch ist entstanden, weil viele Deutsche, die unvorbereitet nach Zürich kommen, mit dieser Ablehnung nicht rechnen. Sie erwarten, dass das Leben in Zürich ungefähr so verläuft wie in einer vergleichbar großen deutschen Stadt. Nur dass man hier mehr verdient und einen See in der Innenstadt hat. Und dass die Leute ein bisschen merkwürdig sprechen. Sie erwarten nicht, dass sie sich fremd und manchmal sogar unwillkommen fühlen könnten. Dass die Schweizer so anders ticken. Denn die Schweizer sind nicht einfach

Deutsche, die ein bisschen langsamer sind. Sie fühlen und verhalten sich anders, und sie legen Wert darauf, dass die Neuzugänge sich dessen bewusst sind und darauf Rücksicht nehmen. Das Problem für die Deutschen fängt damit an, dass, wer den Schweizer Dialekt nicht spricht, vielleicht Mühe haben wird, unter den Einheimischen »Kollegen« – so nennt man hier Freunde – zu finden. Es geht damit weiter, dass, wer in der Bäckerei auf Hochdeutsch Brötchen bestellt, es sich vielleicht irgendwann zu Herzen nimmt, dass der freundliche Gruß der Verkäuferin einfriert. Und es endet damit, dass es manchen Deutschen irgendwann zu blöd wird, sich immer noch mehr anzupassen, um den Einheimischen vielleicht irgendwann genehm zu sein. Bei manchen führt es dazu, dass sie erwägen, der Stadt vorzeitig wieder den Rücken zu kehren. Das wäre schade. Denn Zürich ist eine tolle Stadt. Aber sie ist auch noch immer in allererster Linie eine Schweizer Stadt. Das heißt: Sie ist ziemlich spröde.

Damit man als deutscher »Neuzuzüger« das Leben an der Limmat vom ersten Tag an genießen kann, versammelt dieses Buch Hinweise und Informationen. Es ist ein Wegweiser, der die Zeit erleichtern soll, in der man vor Ort noch keine sozialen Kontakte hat. Es will die Stadt vom ersten Tag an benutzbar machen. Aber es ist kein Reiseführer. Ein Hauptgewicht liegt auf pragmatischen Tipps zum Umgang mit Zürich und den Zürchern. Der Umzug in eine andere Stadt bedeutet auch, dass man das eigene Leben mindestens in Teilen noch einmal fast wie ein weißes Blatt vor sich liegen hat. Seinen Alltag noch einmal neu einzurichten, ist aufregend und manchmal anstrengend. Aber wenn man damit einmal angefangen hat, macht es ungeahnt glücklich. Die allgemeineren Hinweise zu diesem Thema sind von persönlichen Erfahrungen geprägt. Sie sollen als Anregungen, nicht als Belehrungen verstanden werden.

Sämtliche Hinweise in diesem Buch, auch diejenigen auf konkrete Orte und Geschäfte, erfolgen ausschließlich subjektiv und ohne jeden Anspruch auf Vollständigkeit oder Alleinseligmachung. Sie sind von der Autorin aufgrund eigener Vorlieben oder Eignung für die Thematik ausgesucht worden. Sie oder der Verlag sind an keinem der genannten Geschäfte finanziell beteiligt und auch mit keinem Etablissement verwandt oder verschwägert.

Das Buch baut sich aus fünf Kapiteln auf, die sich am konkreten Alltag eines Neuankömmlings orientieren. In erster Linie richtet es sich an Leserinnen und Leser, die allein nach Zürich kommen, um hier zu arbeiten. Deswegen finden sich darin keine speziellen Ratschläge zum Leben mit Kindern. Diesem Thema widmen sich andere Bücher. Das Verhältnis von Arbeit und Familie ist in der Schweiz ein anderes als in Deutschland. In der Schweiz sind noch immer weite Kreise der Bevölkerung überzeugt, dass Frauen, die kleinere Kinder haben, nicht oder nur wenig arbeiten sollen. Entsprechend schwieriger als in Deutschland sind beide Lebensbereiche zu vereinbaren. Aber natürlich gibt es auch in Zürich Spielplätze, Kinderkrippen, Kinder- und Jugendkultur, familienfreundliche Restaurants und unzählige Unternehmungen, die besonders auf die Bedürfnisse von Familien ausgerichtet sind. Über die Kinder und ihre spezielle Infrastruktur werden Familien aus Deutschland in Zürich manchmal sogar leichter und schneller als Alleinstehende Kontakt zu Einheimischen finden.

Sämtliche Hinweise, Tipps und vertiefenden Angaben wie Adressen, Öffnungszeiten, Telefonnummern und Internetadressen in diesem Buch sind sorgfältig recherchiert. Trotzdem können weder Verlag noch Autorin eine Gewähr für die Richtigkeit oder anhaltende Gültigkeit übernehmen.
Von vielen Orten und Möglichkeiten hätte ich nie erfahren, wenn nicht Zürcher Freunde und Bekannte bereitwillig ihr Insiderwissen auf den Tisch gelegt hätten. Dass sie ihre Geheimtipps großzügig für ein solches Buch verraten haben, bedeutet auch, dass es so schlimm mit der Abneigung gegen die Deutschen nicht sein kann. Der Titel »Überleben in Zürich« ist so gesehen irreführend. Das Buch will nicht nur helfen, als Deutscher in Zürich zu überleben. Es will zeigen, wie man diese spröde, vielfältige, widersprüchliche Stadt auch mit wenig Zeit bald liebgewinnen und zu seiner eigenen machen kann. Und wenn mir als Baslerin das gelungen ist, sollte es für Sie als Deutsche oder Deutscher überhaupt kein Problem sein.

Berlin, im Januar 2008 Susann Sitzler

Ankommen

Sie haben eine Arbeitsstelle in Zürich gefunden. Herzlichen Glückwunsch! Jetzt brauchen Sie nur noch eine Wohnung, ein Lieblingscafé und eine Ahnung, was es mit den »Züri-Seck« auf sich hat. Wie Sie zu all dem kommen, erfahren Sie in diesem Kapitel.

Wohnung suchen und besichtigen

1

Erschrecken Sie nicht, wenn Sie die Zürcher Mietpreise sehen. Sie gehören zu den höchsten der Welt.

2

Aber auch die Löhne gehören zu den höchsten der Welt. Und die Steuern sind niedriger als in Deutschland. Also lassen Sie sich nicht entmutigen. Für Ihren »Zins« – die Miete – werden Sie sehr wahrscheinlich eine sorgfältig gepflegte, gereinigte, renovierte und mit vielen Schikanen ausgestattete »Loge« – Wohnung – bekommen. Oftmals verstehen sich die angegebenen Preise zudem »inklusive«. Das bedeutet, dass Heizung und Nebenkosten schon enthalten sind.

3

Kümmern Sie sich frühzeitig um eine Unterkunft. In Zürich herrscht Wohnungsnot. Von 1000 Wohnungen im Stadtgebiet ist nicht einmal eine frei. Sprechen Sie Ihren zukünftigen Arbeitgeber und jeden anderen Menschen, den Sie in der Schweiz kennen, darauf an. Lesen Sie Online-Anzeigen, geben Sie selbst Anzeigen auf. Schränken Sie sich in Bezug auf Lage und Art der Wohnung am Anfang so wenig wie möglich ein.

4

Bereiten Sie sich innerlich darauf vor, dass viele Vermieter nicht begeistert sein werden, wenn sich ein Deutscher oder eine Deutsche bewirbt. Viele Zürcher sind im Moment etwas überfordert von der Tatsache, dass jeden Monat ungefähr 1000 Deutsche in die Stadt ziehen.

5

Das hat mit der Geschichte der Schweiz zu tun. Seit Mitte des letzten Jahrhunderts ist es für die schweizerische Identität von zentraler Bedeutung, dass man die Deutschen einst durch eigenen Einsatz am Einmarsch in die Schweiz hatte hindern können. So hat man nämlich lange Zeit geglaubt. Und es ist bis heute im Unterbewusstsein vieler Eidgenossen verankert.

6

Außerdem sprechen die Deutschen viel schneller als die Schweizer. Für manche Schweizer klingt Hochdeutsch an sich schon nach Befehlston. Darum treten sie innerlich manchmal einen Schritt zurück. Nehmen Sie das nicht persönlich. Und diskutieren Sie nicht darüber.

7

Benehmen Sie sich bei der Wohnungsbesichtigung einfach so zurückhaltend und höflich wie möglich. Wenn

Sie aus einer Region mit einem gemütlichen Dialekt kommen, hilft es vielleicht, wenn Sie diesen deutlich durchklingen lassen und langsam sprechen.

8

Erwähnen Sie bei der Wohnungsbesichtigung auf keinen Fall, dass Sie erwägen, irgendwelche Veränderungen an den Einbauten vorzunehmen. Das betrifft auch laut ausgesprochene Überlegungen, Wände in anderen Farben zu streichen oder neue Teppichböden zu verlegen. Der Vermieter wird sonst davon ausgehen, dass Sie ein Querulant sind.

9

Wenn Ihnen eine Wohnung einigermaßen akzeptabel erscheint, sagen Sie zu allem Ja und Amen. Damit ist Ihre Chance am größten, dass Sie den Zuschlag bekommen. Schauen Sie so viele Wohnungen wie möglich an. Sie werden jedes Mal einen umfangreichen Fragebogen ausfüllen müssen. Murren Sie nicht. Fragen Sie früh am nächsten Tag beim Vermieter nach, und geben Sie sich bei diesem Gespräch den Anschein schüchterner Entschlossenheit.

10

Abstandszahlungen für Wohnungseinrichtungen sind in der Schweiz nicht üblich. Erwähnen Sie sie nicht von sich aus. Das könnte als Bestechung verstanden werden.

Wohnlagen und Stadtteile

11
Zürich hat 12 Stadtkreise. Diese genießen bei den Einheimischen unterschiedliche Akzeptanz.

12
Als beliebteste Bezirke gelten die Kreise 1, 3, 4, 5, 8 und 10. Den Stadtkreis 2, vor allem das Enge-Quartier, sehen einige Leute als zunehmend interessant an.

13
Als inakzeptabel gelten Seebach im Kreis 11 und Schwamendingen (Kreis 12). Seebach gilt als spießig und Schwamendingen war einmal in der ganzen Schweiz als »Getto« verrufen. In Wirklichkeit ist es nicht einmal halb so schlimm. In Schwamendingen wohnen überdurchschnittlich viele ältere Leute, überdurchschnittlich viele Kinder und überdurchschnittlich viele Ausländer. Und es gibt überdurchschnittlich viele gut gepflegte Grünflächen, weil Schwamendingen einmal als Gartenstadt geplant wurde. Die Chance, dass Sie hier eine bezahlbare Wohnung finden, ist überdurchschnittlich hoch.

14

Am Anfang ist es nicht so wichtig, wo in Zürich Sie wohnen. Die Stadt ist vergleichsweise klein und der Verkehr sehr gut erschlossen. In die City brauchen Sie auch mit dem öffentlichen Verkehr von nirgendwo länger als eine gute Viertelstunde.

15

Der **Stadtkreis 1** umfasst die Altstadt. Wenn Sie hier eine Wohnung finden, haben Sie genug Geld, Beziehungen und Glück, um ohne Ratschläge durchs Leben zu kommen. Im Kreis 1 befindet sich auch das berühmte »Niederdörfli«. In diesem mittelalterlichen Teil der Altstadt gibt es viele kleine Geschäfte, Lokale, Spelunken und die Rotlichtbars.

Der **Stadtkreis 2** umfasst die Stadtteile Enge, Wollishofen und Leimbach, die alle direkt an den »Züri-See« grenzen. Hier finden sich vorwiegend Geschäftsräume und die trutzigen Mauern der alteingesessenen Versicherungen und Banken. Aber auch ein paar schöne, stattliche Straßenzüge und Wohnungen.

Der **Stadtkreis 3** heißt Wiedikon (ausgesprochen: Wi-e-dikon oder in Dialekt: Wi-e-dike). Wiedikon galt lange als klassisches, bürgerliches Wohnquartier. In den letzten Jahren wurde es aber zunehmend von gelassen kreativen und studentischen Kreisen entdeckt, die ihm – etwas voreilig – an manchen Stellen sogar schon den Charakter von Berlin-Prenzlauer Berg bescheinigt haben.

Der **Stadtkreis 4** heißt nur auf dem Papier »Aussersihl«. Die ältere Bevölkerung kennt ihn noch als »Chreis Cheib«. Der Kreis 4 gehört zu den Szene-Stadtteilen von Zürich. Hier liegt die legendäre Langstrasse, in der sich türkische, tamilische und asiatische Imbisse, Szene-Bars, Bordelle und kleine Geschäfte aller Art nebeneinander behaupten. In den Nebenstraßen haben sich kleine Boutiquen und Grafikbüros angesiedelt. Und natürlich kann man im »Vieri« gut ausgehen, weil hier viele Bars und Clubs sind.

Der **Stadtkreis 5** oder »s Föifi« hat eine ähnliche Struktur wie der Kreis 4 und heißt auch »Industriequartier«. Allerdings kommt noch der neue Stadtteil »Züri-West« dazu. Hier hat sich in den letzten Jahren eine dichte, großstädtische Infrastruktur aus Kultur und Kreativen angesiedelt. Im Kreis 5 zu wohnen ist ein Traum für die meisten jüngeren Zürcher.

Der **Stadtkreis 6** heißt Unterstrass/Oberstrass, liegt am Hang über der Stadt und wird von den mächtigen Gebäuden der Zürcher Universität und der »Eidgenössisch Technischen Hochschule« (ETH) dominiert. Hier wohnen viele Studenten und Angehörige der Universität. Die Infrastruktur ist auf diese Klientel ausgerichtet.

Der **Stadtkreis 7** umfasst die Quartiere Fluntern und Hottingen, ist aber besser bekannt als »Züriberg«. Am Hang des gleichnamigen Hügels liegt das nobelste Viertel der Stadt. Hier wohnt das alteingesessene gehobene Bürgertum in trutzigen Villen und legt Wert darauf, unter sich zu bleiben.

Der **Stadtkreis 8** heißt Riesbach, wird aber oft mit dem Quartierteil »Seefeld« gleichgesetzt. Das Seefeld ist ein gehoben bürgerliches Wohnquartier. Im Sommer wird es aber von den Zürchern aus allen Bezirken frequentiert, weil man direkt am See spazieren und sitzen kann.
Verwechseln Sie das Seefeld nicht mit »Seebach«. Seebach ist ein Stadtteil im Norden, der an Neu-Oerlikon grenzt. Seebach ist ungefähr das Gegenteil vom Seefeld: Dort wohnt man nicht in städtischem Schick, sondern in der geregelten Peripherie.

Der **Stadtkreis 9** besteht aus den spät eingemeindeten ehemaligen Vororten Altstetten und Albisrieden. Hier findet man eher ruhige Wohnquartiere.

Der **Stadtkreis 10** setzt sich aus den Stadtteilen Höngg und Wipkingen zusammen. Diese Quartiere liegen sehr zentral und werden von den jüngeren Trendsettern, die in den Kreisen 4 und 5 keine Wohnung finden, als Alternative angesehen. Der Kreis 10 liegt am anderen Ufer der Limmat, genau gegenüber von den Szenequartieren. Hier gibt es eine sehr gute städtische Infrastruktur und schöne, bürgerliche Mietshäuser der vorletzten Jahrhundertwende.

Der **Stadtkreis 11** umfasst die spät eingemeindeten Stadtteile Oerlikon, Seebach und Affoltern. Seit einigen Jahren gibt es auch Neu-Oerlikon. Neu-Oerlikon sieht aus wie die Computersimulation eines Architekten. Hier findet man große, moderne, teure Wohnungen. Für diejenigen, die auf Style und kühles Design Wert legen, gilt Neu-Oerlikon als der urbanste Stadtteil von Zürich. Für diejenigen, die gern in Altbauwohnungen leben, gilt er als Inbegriff der Seelenlosigkeit im globalisierten Jahrtausend.

Der **Stadtkreis 12** ist als »Schwamendingen« bekannt (siehe Punkt 15).

16

Wenn von der »Goldküste« die Rede ist, sind die reichen Vorortgemeinden am linken Ufer des Zürichsees gemeint. Dort, wo die Abendsonne hinstrahlt. Auch Thomas Mann hat an der Goldküste gewohnt, in Kilchberg.

17

Eine Alternative ist es, in die »Agglo« zu ziehen. Agglo wie »Agglomeration«. So heißen in der Schweiz die Vororte. Die Agglo hat keinen guten Ruf. Dennoch wohnen 70 Prozent aller Schweizer in einer Agglo. In Zürich sind die Verkehrsanbindungen in die Agglo hervorragend, und auch die Wohnungen dort sind günstiger und leichter zu finden. Wenn Sie in eine Agglomerationsgemeinde ziehen, haben Sie alle amtlichen Dinge bei der jeweiligen Gemeinde zu regeln, nicht bei der Stadt Zürich.

18

Sollte man Wert darauf legen, schnell Teil einer coolen Szene zu werden, ist es besser, nicht in die Agglo zu ziehen.

19

Wenn Sie der Typ dafür sind, können Sie auch versuchen, in Zürich ein Zimmer in einer Wohngemeinschaft zu bekommen. Allerdings ist in der Schweiz diese Lebensform weitestgehend auf das Studentenalter beschränkt. Viele WGs reagieren ablehnend auf Bewerbungen von Deutschen, weil sie keine Lust haben, schon am Frühstückstisch hochdeutsch zu reden. Nehmen Sie auch das nicht persönlich. Es hängt mit den Punkten 5 und 6 zusammen.

20

Falls Sie mit Ihrer Familie in die Schweiz ziehen und vorhaben, für immer oder für sehr lange in Zürich zu bleiben, könnte es sinnvoll sein, sich bei den vielen Baugenossenschaften der Stadt anzumelden. Meistens bestehen lange Wartelisten, und ohne Kinder oder eine deutliche Absicht zur Familiengründung sind die Chancen gering. Genossenschaftswohnungen sind oft wesentlich günstiger als Unterkünfte auf dem freien Markt. Sie sind meist umfangreich modernisiert und gut ausgestattet.
Eine Übersicht der Zürcher Baugenossenschaften finden Sie im Internet unter **www.svw-zh.ch** ▸ Mitglieder.

Das Leben als Mieter

21
Mit dem Mietvertrag werden Sie eine Hausordnung und eventuell eine Waschküchenordnung ausgehändigt bekommen. Lesen Sie diese durch!

22
Lesen Sie diese gut durch!

23
Halten Sie sich sklavisch an jeden einzelnen Punkt in beiden Ordnungen.

24
Wenn in dieser Hausordnung steht, dass die Haustür auch tagsüber mit dem Schlüssel zu schließen ist, schließen Sie die Haustür auch tagsüber mit dem Schlüssel. Ihre Nachbarn werden beobachten, ob Sie die Haustür auch tagsüber mit dem Schlüssel schließen. Aus der Tatsache, ob Sie die Haustür tagsüber mit dem Schlüssel schließen oder nicht, werden Ihre Nachbarn umfangreiche Rückschlüsse auf Ihren Charakter und Lebenswandel zu ziehen wissen. Wenn Sie die

Haustür tagsüber nicht mit dem Schlüssel schließen, werden Ihnen Ihre Nachbarn Schwierigkeiten machen. Riskieren Sie nichts. Schließen Sie mit dem Schlüssel.

25

Benutzen Sie die Dusche oder die Badewanne nicht nach 22 Uhr. Das ablaufende Wasser könnte Ihre Nachbarn stören. Wundern Sie sich nicht, wenn sich Nachbarn beschweren, falls Sie nachts die Spülung des Klos betätigen. Freuen Sie sich, wenn das nicht geschieht. Rechnen Sie nicht damit, dass Sie unbehelligt bleiben.

26

Die deutschen Schuko-Stecker passen nicht in Schweizer Steckdosen. Die nötigen Adapter finden Sie in den Haushaltsabteilungen der Supermärkte. Sie kosten um die acht Franken.

27

Kaufen Sie schon am ersten Tag »Züri-Seck« (Zürich-Säcke), die offiziellen Mülltüten der Stadt. Die Müllabfuhr wird Ihren Abfall nur in diesen Säcken mitnehmen. »Züri-Seck« sind in den meisten Supermärkten erhältlich, manchmal muss man aber an der Kasse danach fragen. Je nach Größe der Tüten kostet eine Zehnerrolle 11.50 bis 33 Franken. Darin ist die Müllentsorgungsgebühr enthalten.
Mit Ihrem Mietvertrag werden Sie einen »Entsorgungs-Kalender« bekommen, der Ihnen viel Ärger ersparen kann. Der Müll wird in Zürich zwei Mal pro

Woche abgeholt, die Tage sind vom Stadtkreis abhängig. Die Säcke dürfen erst am Vorabend des entsprechenden Tages vor die Haustür gestellt werden. Halten Sie sich penibel daran. Sie riskieren sonst, dass Ihnen ein aufmerksamer Nachbar die Tüte wieder vor die Wohnungstür stellt. Unter Umständen gehört zu Ihrem Haus aber ein Container, in den Sie die Säcke unabhängig vom Abholtermin werfen dürfen.

28

Altpapier und »Karton« (Pappe) werden in Zürich separat vom Hausmüll – und separat voneinander – abgeholt. Und zwar ausschließlich dann, wenn sie in normgerechten Bündeln sauber verschnürt sind. Gewöhnen Sie sich am besten gleich daran, Papier und Karton getrennt zu sammeln. In vielen Haushaltsgeschäften gibt es spezielle Stapelgestelle aus Metall, die das Bündeln erleichtern. Die Abholtermine entnehmen Sie ebenfalls dem »Entsorgungs-Kalender«.

29

Zwangspfand ist in der Schweiz nicht bekannt. Um Kapazitäten in den teuren Müllsäcken zu sparen, ist es üblich, wiederverwertbare Getränkeflaschen aus Kunststoff – »PET-Flaschen« – in die Geschäfte zurückzubringen. In allen Verkaufsstellen stehen Sammelbehälter bereit. Schweizer drücken die Flaschen der Länge nach platt, bevor sie sie dort einwerfen.

30

Wenn Ihnen etwas an einer angenehmen Atmosphäre liegt, können Sie sich den Nachbarn in Ihrem Haus oder auf der Etage nach dem Einzug kurz vorstellen. Erwarten Sie aber keine überschäumende Begeisterung oder gar eine sofortige Einladung in die Wohnung. Sprechen auch Sie keine vorschnellen Einladungen aus. Wenn man sich sympathisch ist, können Sie eventuell zu einem »Apéro«, einem kurzen Umtrunk, einladen. Diesen sollten Sie aber ungefähr eine Woche im Voraus ankündigen, am besten schriftlich.

Ämterkram: Aufenthalt, Bewilligung und Umsiedlung

31
Was Sie vor allem brauchen, um in Zürich einen guten Start zu haben, ist eine Aufenthaltsbewilligung. Diese erteilt das kantonale Amt für Migration. Dafür haben Sie nach Ihrer Einreise drei Monate Zeit. Aber ohne Bewilligung dürfen Sie keine Arbeitsstelle antreten.

32
Als EU-Bürger bekommen Sie diese Bewilligung problemlos.

33
Am besten kümmern Sie sich darum, bevor Sie in die Schweiz ziehen.

34
Vielleicht erledigt das sogar Ihr Arbeitgeber für Sie.

35
In der Aufenthaltsbewilligung ist die Arbeitsbewilligung automatisch enthalten.

36

Beantragen können Sie die Aufenthaltsbewilligung beim Migrationsamt des Kantons Zürich. Es befindet sich in der Berninastrasse 45. Die Telefonnummer lautet 043/2 59 88 00. Wenn Sie einen befristeten Arbeitsvertrag haben, bekommen Sie die »Bewilligung L« für Kurzaufenthalter. Diese ist so lange gültig wie Ihr Arbeitsvertrag, aber maximal ein Jahr. Wenn Ihr Arbeitsvertrag unbefristet ist, bekommen Sie die »Bewilligung B«. Diese ist fünf Jahre gültig und kann dann verlängert werden. Wenn Sie auf dem Amt vorsprechen, müssen Sie einen gültigen Reisepass oder Personalausweis und eine Arbeitsbestätigung des Arbeitgebers mitbringen.
Wenn Sie als Selbständigerwerbender eine Bewilligung beantragen, müssen Sie nachweisen, dass Sie bereits auf demselben Gebiet selbständig tätig sind. Sie bekommen dann ebenfalls eine Bewilligung L, die nach sechs Monaten verlängert werden kann.

37

Die Aufenthaltsbewilligung halten Sie nach etwa drei Wochen in der Hand. Wenn gerade viel zu tun ist, können es auch drei Monate werden. Kommen Sie nicht auf die Idee, eine Arbeit ohne Bewilligung anzutreten. Wenn die Schweizer Behörden dahinterkommen, werden sie das als kriminelle Absicht einstufen und Ihnen ziemlich auf die Nerven gehen. Im schlimmsten Fall werden Sie des Landes verwiesen. Klären Sie den aktuellen Stand der Bewilligung auf jeden Fall mit Ihrem Arbeitgeber.

38

Wenn die Bewilligung noch nicht erteilt ist, während Sie in die Schweiz ziehen, sollten Sie bei der Einreise unbedingt andere Dokumente bereithalten, die bestätigen, dass Sie Ihren Wohnsitz in die Schweiz verlegen. Das kann ein Arbeitsvertrag, ein Mietvertrag oder eine Abmeldebestätigung aus Deutschland sein. Damit stellen Sie sicher, dass Ihr Hausrat im Auto als Umzugsgut gilt und an der Grenze nicht verzollt werden muss.

Das Einreiseprozedere lässt sich erheblich verkürzen, wenn Sie das Antragsformular »Übersiedlungsgut« der Schweizerischen Zollbehörden bereits ausgefüllt haben. Dieses Formular können Sie im Internet herunterladen. Den Link finden Sie im Anhang unter »Downloads«.

Außerdem benötigen Sie: Ein Verzeichnis der eingeführten Waren und Ihre deutschen Autopapiere. Einen Link zu näheren Informationen, wie Sie Ihr Umzugsgut korrekt auflisten, finden Sie ebenfalls im Anhang unter »Downloads«.

Denken Sie daran, dass die Einreise mit Übersiedlungsgut nur zu den Schalteröffnungszeiten der Zolldienststellen möglich ist. Diese sind je nach Grenzübergang unterschiedlich. Die Zolldienststelle am Grenzübergang Basel/Weil am Rhein zum Beispiel ist wochentags von 7 bis 17.30 Uhr und am Samstag von 7 bis 13 Uhr geöffnet. Ein Verzeichnis mit den Öffnungszeiten aller Zolldienststellen finden Sie im Internet unter **www.ezv.admin.ch** ▸ Dienstleistungen ▸ Dienststellenverzeichnis.

Denken Sie auch daran, dass Sie mit einem LKW über 7,5 Tonnen an Werktagen zwischen 22 und 5 Uhr und am Sonntag nicht auf Schweizer Straßen fahren dürfen.
Ihren Hausrat können Sie innerhalb von 18 Monaten nach Antritt Ihrer Arbeitsstelle zollfrei einführen. Falls Sie ihn in mehreren Etappen transportieren wollen, müssen Sie bei der ersten Fuhre ein Verzeichnis mit den noch folgenden Waren abgeben.

39
Wenn Sie Glück haben, winkt man Sie am Zoll einfach durch.

40
Das ist nur dann ein Glück, wenn Sie im Wagen von jemand anderem sitzen. Wenn Sie mit Ihrem eigenen Auto unterwegs sind und dieses später in der Schweiz anmelden wollen, brauchen Sie eine Zollbescheinigung für den Wagen. Lassen Sie sich diese gleich ausstellen.

41
Innerhalb von drei Monaten nach Ihrer Einreise müssen Sie sich auf dem Bevölkerungsamt der Stadt Zürich anmelden. Das Amt hat in jedem Stadtkreis ein Büro. Wählen Sie das Büro des Stadtkreises, in dem Sie wohnen. Wo sich dieses befindet, erfahren Sie im Internet unter **www.stadt-zuerich.ch** ▸ Stadt Zürich A–Z ▸ Kreisbüro. Die Büros sind von Montag bis Freitag von 8 bis 11.30 Uhr und von 13.30 bis 16.30 Uhr

geöffnet. Am Donnerstagabend bis 18.30 Uhr. Mitbringen müssen Sie Ihren Personalausweis, die Abmeldebescheinigung von Ihrem letzten Wohnort in Deutschland und den Mietvertrag in Zürich.

Mobilität und Bankgeschäfte

42

Sollten Sie in der Schweiz Auto fahren, ist es sehr gut möglich, dass Sie eine Buße von 120 Franken bekommen, wenn Sie drei km/h zu schnell durch die Langstrasse fahren. Die Langstrasse ist eine der illustersten Straßen von Zürich. Es ist auch sehr gut möglich, dass Sie eine solche Buße bekommen, wenn Sie 0,5 km/h zu schnell durch die Langstrasse fahren. Das gilt für jede andere Straße im Land auch. Die Schweizer Geschwindigkeitsbegrenzungen sind verbindlich. Und die Höchstgeschwindigkeit auf den Autobahnen beträgt 120 km/h. Gewöhnen Sie sich daran.

43

Falls Sie ein Auto besitzen, kümmern Sie sich am besten schon bei der Wohnungssuche um einen Parkplatz in Zürich. Als Anwohner haben Sie Anrecht auf eine »Parkkarte«, die Sie zum Parken in der »Blauen Zone« Ihres Postleitzahlkreises berechtigt. In der Schweiz sagt man übrigens »parkieren«. Die Parkkarte können Sie auf der Bewilligungsstelle der »Dienstabteilung Verkehr« bei der Stadt Zürich beantragen. Sie befin-

det sich an der Mühlegasse 18 und hat die Telefonnummer 044/4 11 89 16. Wenn Sie mit der Beantragung warten, bis Sie in Zürich offiziell angemeldet sind und Ihr Auto ein Zürcher Nummernschild hat, wird die Bearbeitung dieses Vorgangs sehr schnell gehen. Für das Jahr 2008 kostet die Parkkarte für Anwohner 180 Franken, in allen anderen Jahren 240 Franken.
Einen Link, wo Sie die Parkkarte im Internet beantragen können, finden Sie unter »Downloads« im Anhang.

44

Der öffentliche Verkehr in Zürich ist sehr gut ausgebaut. Trams, S-Bahnen und Busse verkehren fast überall hin. Abonnemente für unterschiedliche Bedürfnisse gibt es an den Verkaufsstellen des Zürcher Verkehrsverbunds ZVV. Diese sind im Internet unter **www.zvv.ch** ▸ Tickets aufgelistet. Unter »Fahrplan« auf derselben Seite können Sie sich auch die schnellsten Verbindungen innerhalb der Stadt errechnen lassen.

45

An den Fußgängerstreifen ohne Ampeln haben Sie als Fußgänger immer Vortritt. Sobald Sie an einem Streifen stehen, werden die Autos anhalten. Schauen Sie trotzdem nach links und rechts. An Übergängen mit Ampeln gelten dieselben Regeln wie in Deutschland.
Wenn Sie selbst im Auto sitzen, müssen Sie bei Fußgängerstreifen ohne Ampel immer anhalten, wenn jemand über die Straße will. Sonst können Sie eine Buße bekommen.

46

Fahrradfahren empfiehlt sich in Zürich nur, wenn man sich im Stadtverkehr sicher fühlt. Und wenn man eine gute Kondition hat. Es geht in der ganzen Stadt häufig bergauf. Die Schweizer sagen zum Fahrrad »Velo«.
Wer in der Schweiz mit dem Velo fährt, braucht eine Velo-Haftpflichtversicherung. Diese wird in Form der »Velovignette« abgeschlossen. Das ist ein Aufkleber, den man jedes Jahr neu kauft und am Fahrrad anbringt. Die Velovignette kostet pro Jahr sechs Franken und ist in allen Postämtern und an den Schaltern der Zürcher Verkehrsbetriebe erhältlich. Damit ist etwa der Schaden abgedeckt, wenn Sie mit dem Velo einen Kratzer in ein parkendes Auto machen. Wenn Sie ohne eine gültige Vignette erwischt werden, bekommen Sie eine Buße von 40 Franken.
Schicke Velos im angesagten Retro-Stil gibt es zum Beispiel bei »Zweiradgeber« an der Anwandstrasse 57 zu kaufen.
Wenn man ein Velo gebraucht kauft, heißt es »Occasion«. Sehr gepflegte Occasion-Velos kann man auf den regelmäßig stattfindenden »Velo-Börsen« am Helvetiaplatz finden. Informationen im Internet unter **www.provelozuerich.ch/veloboersen.html**.
Auch ein Gebrauchtwagen ist in der Schweiz ein »Occasion«. Occasion bedeutet »Gelegenheit«.

47

Als Ausländer in der Schweiz müssen Sie sich nicht um Ihre Steuererklärung kümmern. Sie bezahlen »Quellensteuer«. Diese wird automatisch von Ihrem Lohn einbehalten und an die Steuerbehörden abgeführt. Wegen der Umrechnungsverluste lohnt es sich aber, für Ihren Lohn ein Schweizer Konto zu eröffnen.

48

Als Ausländer können Sie in der Schweiz mehr oder weniger problemlos ein Konto eröffnen. Unter Umständen werden Sie aber verschiedene Papiere unterschreiben müssen, auf denen Sie beteuern, Ihr Schweizer Konto nicht für Geldwäscherei zu benutzen. Eventuell werden Sie sich vielfach ausweisen und Ihre Identität beglaubigen lassen müssen. Nehmen Sie das nicht persönlich.

49

Der Begriff »Girokonto« ist in der Schweiz nicht geläufig. Jedes normale Privatkonto ist ein Girokonto. Das, was in Deutschland ein Girokonto bei der Postbank ist, heißt in der Schweiz »Postcheckkonto« und empfiehlt sich besonders. Das private Postcheckkonto ist mit zwei Franken Gebühr im Monat sehr günstig. Allerdings sind auch die Zinsen gering. Dafür bekommt man die »Postcard«, die in der Schweiz den Stellenwert einer ec-Karte hat und überall zum bargeldlosen Bezahlen akzeptiert wird. Noch in der kleinsten Schweizer Ortschaft ist auch immer ein »Postomat« (Geldautomat) zu finden, wo man gebührenfrei Bargeld abheben und sein Handy-Guthaben aufladen kann. Informationen gibt es im Internet unter **www.postfinance.ch**.

50

Generell kann man in der Schweiz mit einheimischen Bezahl- und Kreditkarten an allen Geldautomaten gebührenfrei Bargeld abheben. Auch wenn der Automat von einem anderen Institut betrieben wird als die Karte.

51

Beim Bankverkehr innerhalb des Landes sind Bankleitzahlen unbekannt. Zahlungen am Schalter werden häufig mit »Einzahlungsscheinen« gemacht. Aber Sie können alle Bankgeschäfte auch online abwickeln.

Einkaufen und Einrichten

52
Für den täglichen Bedarf werden Ihnen »Migros« und »Coop« große Dienste leisten. Mit großer Sicherheit befinden sich Filialen von einer oder beiden Ketten in unmittelbarer Nähe zu Ihrer Wohnung. Migros spricht man »Mie-groo« aus, Coop »Koh-op«. Beide bieten eine große Auswahl an hochwertigen Lebensmitteln, Haushaltsbedarf und Frischwaren zu günstigen Preisen. Die Migros verkauft größtenteils Eigenmarken, die aber oftmals Markenprodukte mit geänderter Verpackung sind. Nur Alkohol und Zigaretten gibt es in der Migros nicht. Diese bekommt man im Coop, wo auch reguläre Markenprodukte angeboten werden. Verhältnismäßig günstigen Alkohol gibt es auch in den Filialen von »Denner«.

53
Probieren Sie einmal die spottbillige, unfassbar köstliche »Quark Crème Chocolat Truffes« von der Migros und die höllisch scharfen Wasabi-Erdnüsse aus der Sélection-Reihe von Coop.

54
Die kleinen Geschäfte schließen in Zürich wochentags meist um 18.30 Uhr, am Samstag oft schon um 16 Uhr. Vielleicht gibt es in Ihrer Nähe einen kleinen »Quartierladen«, der das Nötigste auch spät abends und am Wochenende anbietet. Der große Migros am Limmatplatz hat täglich bis 20 Uhr auf. Die Geschäfte in der unterirdischen Shoppingmall »Shopville« unter dem Hauptbahnhof wochentags sogar bis 21 Uhr. Die dortige Migros-Filiale ist jeden Abend bis 21 Uhr und am Sonntag bis 20 Uhr geöffnet.

55
Eine große Auswahl an Feinkostprodukten zu verhältnismäßig akzeptablen Preisen findet man in der Gourmet-Abteilung »Delicatessa« des Warenhauses »Globus«. Globus-Filialen gibt es an der Schweizergasse 11 und an der Theaterstrasse 12.

56
Seltene Spezereien und Gewürze, gedörrte exotische Früchte, Tees und hausgeröstete Kaffeesorten in historischem Ambiente kann man bei »Schwarzenbach Kolonialwaren« an der Münstergasse 19 im Niederdorf finden. Das Geschäft ist in Zürich legendär.

57
Türkische und asiatische Lebensmittelmärkte, oft mit frischem Gemüse, Fisch und Kräutern finden Sie vor allem im Stadtkreis 4 um die Langstrasse herum. Ein großer Supermarkt mit indischen und orientalischen

Produkten und Frischwaren ist das »Aggarwal's« an der Langstrasse 62.

58

Der nächstgelegene IKEA befindet sich an der Moorstrasse 3 in Dietlikon bei Zürich. Von den Bahnhöfen Dietlikon oder Stettbach fährt die Buslinie 787 dorthin, die Station heißt »Industriestrasse«. Geöffnet ist unter der Woche von 9 bis 21 Uhr, am Samstag von 9 bis 20 Uhr.

59

Eine etwas edlere Alternative bietet das Schweizer Einrichtungshaus »Interio«. Das nächstgelegene Möbelhaus befindet sich in Dübendorf bei Zürich, an der Neugutstrasse 79 an der A1, Autobahnausfahrt »Dübendorf«. Vom Bahnhof Stettbach fahren die Busse 787 und 796 bis Bushaltestelle »Ringstrasse«. Geöffnet ist unter der Woche von 10 bis 20 Uhr, am Samstag von 9 bis 18 Uhr. Kleinere Filialen, die lediglich Hausrat führen, gibt es am Rennweg 42 und im Einkaufszentrum »Glatt« in Wallisellen (Adresse siehe Punkt 105).

60

Auch in der Schweiz gibt es eBay (**www.ebay.ch**). Beliebter ist aber das einheimische Auktionsportal »Ricardo« (**www.ricardo.ch**).

Telefonieren in der Schweiz

61
Ihren Festnetzanschluss können Sie bei einer Vielzahl von Anbietern einrichten. Die swisscom entspricht der deutschen Telekom. Es gibt zahlreiche andere Anbieter und Möglichkeiten, Festnetz, Handy und Internet zu kombinieren. Eine Übersicht finden Sie im Internet unter **www.comparis.ch/comparis/telecom.aspx**.

62
Denken Sie daran, auch bei Telefonaten im Festnetz innerhalb der Stadt die Ortsvorwahl zu wählen. Sie kann 043 oder 044 lauten.

63
In der Schweiz wird das Handy oft »Natel« genannt.

64
Wenn ein Schweizer »simsen« meint, sagt er »s-m-ssle«.

65

Eine Übersicht über die Möglichkeiten, günstig nach Deutschland zu telefonieren, finden Sie ebenfalls unter **www.comparis.ch**.
Aus dem In- und Ausland können Sie sich in jede Schweizer Telefonzelle anrufen lassen. Die Nummer steht jeweils am Telefongerät angeschrieben.

66

In der ersten Zeit in Zürich, wenn Sie sich überall anmelden müssen, werden Sie immer wieder nach Ihrer Telefonnummer gefragt werden. Geben Sie diese so knauserig wie möglich heraus. Davon ausgenommen sind natürlich Ämter und öffentliche Stellen. Geben Sie Ihre Telefonnummer auf keinen Fall im Internet an. Fast jeder Schweizer Festnetzanschluss wird täglich penetrant mit Werbetelefonaten für Versicherungen und Zeitschriftenabonnements bombardiert. Versäumen Sie es auf keinen Fall, bei Ihrem Eintrag im Telefonbuch der swisscom den Zusatz »Wünscht keine Werbung« anzukreuzen – falls er auf Sie zutrifft.

67

Ihr Telefongerät sollten Sie so einstellen, dass es dem Angerufenen Ihre Nummer übermittelt. Viele Schweizer heben nach Feierabend den Hörer nicht ab, wenn »Anrufer unbekannt« auf dem Display steht, weil sie dahinter einen Werbeanruf vermuten.

68

Für richtige Gespräche mit gewünschten Telefonpartnern gilt: Gewöhnen Sie sich so rasch als möglich an die Schweizer Telefonregeln. Dabei gibt es zwei Varianten.

Variante 1
Angenommen, Sie sind Frau Müller. Dann beginnen Sie einen Anruf mit: »Guten Tag, Müller, ich hätte gerne die Frau Meier gesprochen.« Wenn die Person am anderen Ende aus der Schweiz kommt, wird sie antworten: »Guten Tag, Frau Müller. Ja, ich verbinde.« Darauf sagen Sie: »Danke.« Der Anruf wird verbunden, Frau Meier meldet sich: »Meier?« Sie sagen: »Guten Tag, Frau Meier, hier ist Müller.« Frau Meier, sofern Schweizerin, wird antworten: »Guten Tag, Frau Müller.« Jetzt können Sie Ihr Anliegen vorbringen.

Variante 2
Sie sind Herr Schulz und Ihr Telefon klingelt. Sie melden sich: »Schulz?« Der Anrufer sagt: »Guten Tag, hier ist Schmid.« Jetzt sagen Sie: »Grüezi Herr Schmid.« Schmid, falls Schweizer, wird sagen: »Grüezi, Herr Schulz, ich rufe an wegen ...«

69

Die Regel geht so: Sobald bei einem Schweizer Telefonat jemand seinen Namen genannt hat, registriert der Gesprächspartner diesen Namen, in dem er die andere Person namentlich begrüßt. Namen sind in der Schweiz sehr wichtig. Auch beim Telefonieren. Gewöhnen Sie sich daran. Trainieren Sie Ihr Namensgedächtnis oder machen Sie sich eine Notiz. Es wird Ihnen enorm weiterhelfen. Weil man Sie für einen unhöflichen »Sauschwoob« halten wird, wenn Sie es nicht tun.

70

Wenn Ihr Gesprächspartner während des Telefonats kurz den Hörer beiseitelegen muss, wird er hinterher »Sind Sie noch da?« fragen. Verkneifen Sie sich alle Sprüche wie »Nein, ich bin inzwischen in Urlaub gefahren«. Die Schweizer würden sie nicht verstehen.

Kranksein und Zahnarzt

71
Innerhalb von drei Monaten nach Ihrem Umzug nach Zürich müssen Sie eine schweizerische Krankenversicherung abschließen. In der Schweiz heißt diese Versicherung »Krankenkasse«. Es gibt einige wenige Ausnahmen, etwa wenn Sie als Hochschuldozent oder Forscherin nur befristet in Zürich arbeiten und Ihre deutsche Krankenversicherung diesen Aufenthalt abdeckt. Ob eine Ausnahmeregelung auf Sie zutrifft, können Sie im Internet abklären:
www.stadt-zuerich.ch/internet/sgd/kv/home/obli/abklaerung.html.
Ein Merkblatt zur obligatorischen Krankenversicherung in Zürich können Sie im Internet herunterladen. Die Adresse finden Sie im Anhang unter »Downloads«.

72
Die Krankenkassenprämien in der Schweiz sind ähnlich hoch wie in Deutschland. Allerdings unterscheidet sich der Leistungskatalog erheblich. Zum Beispiel sind jegliche Zahnbehandlungen in der Schweiz grundsätz-

lich nicht mitversichert. Zwischen den verschiedenen Krankenkassen gibt es enorme Unterschiede in Bezug auf Prämienhöhe, Erreichbarkeit und Vergütung von Leistungen. Vergleichen können Sie am besten anhand der Punkte »Grundversicherung«, »Franchise« und »Versicherungsmodell«.

73

Die Leistung der Grundversicherung ist bei allen Krankenkassen gleich und für diese bindend. Sie umfasst medizinische Leistungen bei Krankheiten, Unfällen und Mutterschaft. Dies gilt sowohl, wenn Sie im Krankenhaus behandelt werden, als auch, wenn Sie zu Hause von Fachpersonal gepflegt werden. Letzteres heißt in der Schweiz »Spitex« (Spitalexterne Pflege). In der Grundversicherung sind auch alternativmedizinische Verfahren wie etwa Akupunktur enthalten. Psychotherapeutische Maßnahmen sind jedoch nur zum Teil abgedeckt.

74

Die »Franchise« entspricht ungefähr dem deutschen Selbstbehalt. Sie beträgt mindestens 300 Franken pro Kalenderjahr, kann aber erhöht werden, wodurch sich die Prämien etwas vergünstigen. Zusätzlich müssen zehn Prozent aller anfallenden Leistungen – und von verschriebenen Medikamenten – selbst bezahlt werden, jedoch nicht mehr als insgesamt 700 Franken im Jahr. Das »Versicherungsmodell« regelt Punkte wie die freie Arzt- und Klinikwahl, halbprivate und private Leistungen wie Einbettzimmer im Krankenhaus und die Deckung von alternativen Heilmethoden, die über die Grundversicherung hinausgehen. Eine Möglichkeit, Kosten zu sparen, ist das »HMO-Modell«. Darin verpflichten Sie sich, zu Ärzten in speziellen Gruppenpraxen zu gehen. In der Stadt Zürich gibt es gegenwärtig etwa ein halbes Dutzend solcher HMO-Zentren.

75

Eine erste Orientierung über verschiedene Anbieter leistet das Internetportal **www.comparis.ch**. Allerdings ist bei diesem und ähnlichen Portalen zu bedenken, dass einzelne Unternehmen bevorzugt werden können. Sie können bei allen Versicherungen auch direkt und kostenlos eine persönliche Offerte einholen.

76

Unter **www.praemien.admin.ch** finden Sie im Internet weitere Informationen vom Bundesamt für Gesundheit zum Thema »Krankenversicherung«.

77

Um eine Versicherung abzuschließen, sprechen Sie bei einer beliebigen Filiale der von Ihnen ausgesuchten Krankenkasse vor. Die Krankenkassen sind verpflichtet, jede Person aufzunehmen. Fragen nach Gesundheitszustand, früheren Krankheiten oder bestehender Schwangerschaft werden dabei nicht gestellt.

78

Wenn Sie krank sind, gehen Sie zuerst zu Ihrem Hausarzt. Wenn Sie sich in Ihrer Krankenversicherung für das Hausarzt-Modell entschieden haben, ist das zwingend. Im »traditionellen Modell« können Sie selbständig einen Spezialisten aufsuchen. Achten Sie aber unbedingt darauf, dass sich dieser im Kanton Zürich befindet, da sonst die Krankenversicherung unter Umständen nicht bezahlt. Unter der Zürcher Telefonnummer 044/4 21 21 21 erhalten Sie Adressen von diensthabenden Ärzten und Zahnärzten.
Das Arztzentrum »Permanence« am Hauptbahnhof behandelt Sie bei leichteren Notfällen ohne Anmeldung. Allerdings müssen Sie lange Wartezeiten in Kauf nehmen. Bahnhofplatz 15 (im Bahnhofsgebäude). Telefon 044/2 15 44 44. Geöffnet täglich von 7 bis 22 Uhr. Informationen im Internet unter **www.permanence.ch.**

79

In der Schweiz müssen Sie keine Praxisgebühr bezahlen.

80

In schweren Notfällen ist in Zürich die Notaufnahme des Stadtspitals Triemli zuständig. Die Notfallstation befindet sich an der Birmensdorferstrasse 497. Wenn die Schweizer zur Notaufnahme gehen, sagen sie »auf den Notfall gehen«. Den Notarzt können Sie mit der Telefonnummer 144 rufen. In der Schweiz sagt man dazu »die Sanität rufen«.

81
Welche Apotheken wann Nacht- und Spätdienst haben, erfahren Sie unter der Telefonnummer 0900/55 35 55.

82
Zahnarztbehandlungen müssen Sie immer aus eigener Tasche bezahlen. Zahnärzte in der Schweiz sind sehr teuer. Machen Sie es also wie die Schweizer: Putzen Sie Ihre Zähne regelmäßig und passen Sie auf, dass Sie gar keine Löcher bekommen. Zahnärztliche Notfallbehandlungen müssen in bar beglichen werden.
Eine professionelle Zahnreinigung zu einem vergleichsweise günstigen Preis bekommen Sie zum Beispiel im renommierten »Zahnmedizinischen Zentrum Zürich-Nord«. Dort werden die Zürcher Dentalhygienikerinnen ausgebildet. Herzogenmühlestrasse 14, Telefon 044/3 25 15 05. Im Internet unter **www.zzzn.ch**.

83
Bei psychischen und seelischen Problemen gibt es verschiedene Notfalldienste. Das »Burghölzli« – die Psychiatrische Universitätsklinik – betreibt ein Kriseninterventionszentrum mit der Möglichkeit zum stationären Aufenthalt.
Kontakt unter Telefon 044/3 84 21 11.
Am Universitätsspital Zürich gibt es auch eine psychiatrische Polyklinik, ein Notfallpsychiater ist über das städtische Ärztetelefon 044/4 21 21 21 erreichbar.
Die Telefonseelsorge heißt in der Schweiz »Die dargebotene Hand« und hat die Telefonnummer 143.

84
Empfehlungen für qualifizierte Psychotherapeuten in Zürich bekommen Sie im Sekretariat des Schweizer Psychotherapeutenverbandes unter der Telefonnummer 043/2689300 oder im Internet unter **www.psychotherapie.ch**.
Therapeuten, die in der Tradition von C.G. Jung arbeiten, sind auf der Internetseite der Schweizerischen Gesellschaft für analytische Psychologie unter **www.sgap.ch** aufgelistet.

Anwärmen

Warum sollte man als Erwachsener in Zürich keine Kleidung von H&M tragen und wo trifft man Leute, die auch gern Makramee knüpfen oder Marathon laufen? In diesem Kapitel geht es darum, wie man in den ersten Wochen mit Zürich warm wird, erste Bekanntschaften schließt und sich ein paar Eckpunkte für den neuen Alltag einrichtet.

Der erste Tag an der neuen Arbeitsstelle

85

Versuchen Sie so schnell wie möglich, den Zürcher Dialekt zu verstehen. Sagen Sie Ihren Kollegen von Anfang an, dass Sie Schweizerdeutsch verstehen. Ihre Kollegen werden es Ihnen nicht glauben und mit Ihnen konsequent hochdeutsch sprechen. Halten Sie sie immer wieder dazu an, Dialekt mit Ihnen zu reden. Oder wenigstens untereinander, wenn Sie dabei sind. Irgendwann wird der Erste ein schweizerdeutsches Wort an Sie richten. Freuen Sie sich. Der erste Schritt zur Integration ist gelungen.

86

Vielleicht treffen Sie auch auf Kollegen, die mit Ihnen von Anfang an stur nur Schweizerdeutsch sprechen. Damit will man Ihnen klarmachen, dass man sich von einem Deutschen nicht vorschreiben lässt, wie man in der Schweiz zu reden hat. Die Zürcher fühlen sich von Ihren Landsleuten im Moment manchmal etwas überfordert. Sprechen Sie weiter zurückhaltend und langsam hochdeutsch und versuchen Sie das Schweizerdeutsch halt irgendwie zu verstehen. Aber verzichten

Sie darauf, selbst Zürichdeutsch zu sprechen. Auch nicht in Brocken. Die Schweizer bekommen leicht den Eindruck, dass man sich über ihre Sprache lustig macht.

87

Denken Sie daran, dass man sich in der Schweiz häufiger die Hand gibt als in Westdeutschland, aber nicht so oft wie in Ostdeutschland. Schauen Sie genau hin, wie Ihre Kollegen das Händeschütteln handhaben. Passen Sie sich an.

88

Dasselbe gilt für Begrüßungsküsse. Je nach Branche ist es möglich, dass man Ihnen solche schon am zweiten Tag verabreicht. Allerdings eher nicht, wenn Sie in einem Büro arbeiten. In Zürich küssen sich Männer und Frauen und Frauen untereinander drei Mal, Männer geben einander in der Regel die Hand. Allerdings nur einmal.

89

Passen Sie sich auch in allen anderen Fragen wie Kleidung, persönliche Dekoration des Arbeitsplatzes und Reihenfolge, wer wann in die Kantine geht, den neuen Kollegen an. Lassen Sie dieses Anpassen ruhig offen durchblicken. Ihre Kollegen werden in den ersten Tagen sehr genau beobachten, ob Sie bereit sind, sich anzupassen. Das Sich-Anpassen ist ein zentraler Bestandteil der schweizerischen Mentalität, auch für die Einheimischen. Je größer man Ihre Bereitschaft, sich anzupassen, einschätzt, desto schneller werden Sie Sympathien gewinnen. Nehmen Sie das einfach so hin. Sie müssen sich dabei nicht verstellen und auch nicht Ihre Herkunft verleugnen. Betrachten Sie es als Rücksichtnahme des Fremden gegenüber den Einheimischen. Ungefähr so, als ob man in einer italienischen Kirche ein Jäckchen über das Bikini-Oberteil zieht und nicht im Minirock in eine Moschee geht.

90

Seien Sie deshalb in den ersten Wochen auch so freundlich und zurückhaltend, wie Sie können. Wenn Sie ein temperamentvoller Mensch sind, zügeln Sie sich, bis man Sie etwas besser kennt und mit Ihnen warm geworden ist. Machen Sie es den Schweizern einfach. Diese werden es Ihnen danken. Auch wenn Sie das zunächst vielleicht nicht ohne Weiteres bemerken.

91

Sehen Sie das nicht als überflüssiges Theater oder demütigendes Verhalten an. Sie haben sich nun mal entschieden, als ausländischer Gast in der Schweiz zu arbeiten. Allzu lange wird es nicht nötig sein, sich so stark anzupassen.

92

Wann immer sich Ihnen jemand mit Namen vorstellt, merken Sie sich diesen. Machen Sie sich unauffällig eine Notiz, wenn Sie ein schlechtes Namens- oder Gesichtergedächtnis haben. Man wird von Ihnen erwarten, dass Sie alle Namen sofort kennen und sie bei jeder Begegnung benutzen. Das machen auch die Schweizer untereinander so. Stellen auch Sie sich immer mit Namen vor. Beachten Sie dabei, wie man es in Ihrem Betrieb mit dem Siezen und dem Duzen hält.

93

Wenn Sie nicht als Generaldirektorin oder Vorstandsvorsitzender angestellt worden sind und sich Ihr Vorname für eine Abkürzung eignet, können Sie sich den Kolleginnen und Kollegen damit vorstellen. So können Sie ihnen ein bisschen die Angst vor den Deutschen nehmen. Stellen Sie sich als »Uli« vor, wenn Sie Ulrike heißen, als »Andi«, wenn Sie Andreas heißen. Tun Sie das aber nur, wenn Sie damit leben können, dass man Sie mit dieser Kurzform anredet.

94

In Schweizer Belegschaften benutzt man untereinander häufig Kurzformen des Vornamens. Damit signalisiert man die gefühlte Gleichrangigkeit. Manchmal schätzen auch Vorgesetzte, wenn die Untergebenen sie als »Ursi« (Ursula) oder »Baschi« (Sebastian) anreden. Vorgesetzte werden die Untergebenen aber meist mit dem ganzen Vornamen anreden.

95

Sobald es mittags Zeit zum Essen ist, werden die unmittelbaren Kollegen Sie vielleicht freundlich und beiläufig zum Mitkommen in die Kantine auffordern. Gehen Sie mit, auch wenn Sie lieber im Park ein Sandwich essen. Die Kollegen möchten Sie informell etwas

besser kennenlernen. Hier können Sie erste Bekanntschaften schließen.
Wo man sich in deutschen Betrieben auf dem Flur mit »Mahlzeit« grüßt, sagt man in der Schweiz »en Guete«. Gemeint ist der Appetit.

96

Gewöhnen Sie sich daran, dass man in der Schweiz denen, die hinter einem gehen, zwingend die Tür aufhält. Auch wenn Sie es eilig haben und die andere Person erst entfernt am Horizont herangewackelt kommt. Halten Sie durch und die Tür auf. Wenn Sie die Person sind, auf die gewartet wird, machen Sie demonstrativ ein paar eilige Schritte und bedanken Sie sich dann mit einem »Merci«. Schauen Sie sich um, ob hinter Ihnen noch jemand kommt. Halten Sie ihm oder ihr die Tür auf.

Feierabend

97

Das Lebensgefühl in Zürich ist gemächlich und gemütlich. Die Wege sind kurz und man sieht die Leute auch nach Feierabend kaum hetzen. Nach der Arbeit geht man etwas trinken oder eine Runde schwimmen. Übernehmen Sie diese Stimmung. Sie macht süchtig und froh.

98

Abonnieren Sie eine regionale Zeitung, um sich schnell in Zürich einzufinden. Zur Auswahl stehen die bürgerlich-seriöse »NZZ« (Neue Zürcher Zeitung) und der liberale »Tagi« (Tages-Anzeiger). Lesen Sie die Regionalseiten, auch wenn sie Sie am Anfang nicht interessieren. So bekommen Sie schnell ein Gefühl für die Stimmung in der Stadt und die Dinge, die die Einheimischen beschäftigen. Am Sonntag können Sie zwischen der feuilletonistischen »NZZ am Sonntag«, der trendbewussten »SonntagsZeitung«, dem populistischen »SonntagsBlick« und dem bürgerlichen »Sonntag« wählen. Mithilfe befristeter Probeabonnements, die von den Zeitungen angeboten werden, können Sie sich in Ruhe für Ihre Lieblingszeitung entscheiden. Wenn Sie in Deutschland die »taz« mochten, kommen Sie in der Schweiz um die Wochenzeitung »WOZ« nicht herum.

99

Die Zürcher selbst lesen auch immer die Gratiszeitungen, die an allen Haltestellen und Bahnhöfen verteilt werden.

100

Inzwischen nur noch wöchentlich erscheint das »Tagblatt der Stadt Zürich«. Immer am Mittwoch wird es gratis an alle Haushalte verteilt. Verschmähen Sie es nicht. Sie werden darin erstaunlich oft spannende Geschichten über das Alltagsleben der Stadt finden und zudem einige interessante Orte und Geschäfte kennenlernen. Und nur auf den »ausgehen«-Seiten im »Tagblatt der Stadt Zürich« kann man die Werke von Zürichs dadaistischstem PR-Restaurantkritiker René Rais in voller sprachlicher Pracht lesen. Unfreiwillig dadaistisch, um genau zu sein.

101

Vielleicht nutzen Sie den Feierabend auch, um sich Ihrem Haustier zu widmen. Ob Sie ein solches in Ihrer Wohnung halten dürfen, steht im Mietvertrag. Wenn Sie einen Hund haben und mit diesem Gassi gehen, müssen Sie seinen Kot eigenhändig von der Straße aufheben, in einer Plastiktüte verknoten und in einen Abfalleimer werfen. Zu diesem Zweck stehen in allen

Parks sogenannte »Robidogs« bereit: Spezialmülleimer für Hundekot, bei denen man spezielle Plastiktüten entnehmen kann. Wenn man Sie dabei erwischt, wie Sie Hundedreck liegenlassen, können Sie ein Bußgeld aufgebrummt bekommen. Die Wahrscheinlichkeit, dass man Sie erwischt, ist hoch.
Hundeliebhaber und -besitzer werden in der Schweiz »Hündeler« genannt.

102

Wahrscheinlich müssen Sie einmal früher Feierabend machen, um Ihr Auto auf die Schweiz umzumelden. Dafür haben Sie nach der Einreise ein Jahr Zeit. Die Ummeldung geschieht auf dem Strassenverkehrsamt des Kantons Zürich und nennt sich »immatrikulieren«. Das Strassenverkehrsamt befindet sich an der Üetlibergstrasse 301 und hat die Telefonnummer 058/8 11 30 00. Geöffnet ist es an Werktagen von 7.15 bis 16 Uhr, am Montag und Dienstag bis 17 Uhr.
Zuerst wird Ihr Auto technisch geprüft. Dazu benötigen Sie den Nachweis einer Schweizer Versicherung für den Wagen, den Fahrzeugschein und den Fahrzeugbrief aus Deutschland samt Prüfbericht vom Zollamt, sowie die Erklärung vom Zollamt für Übersiedlungsgut. Dann bekommen Sie einen befristeten Fahrzeugausweis und Zürcher Kontrollschilder. Diese müssen Sie dem Strassenverkehrsamt nach der Verzollung vorlegen – zusammen mit der EU-Übereinstimmungsbescheinigung oder der Abgas- und Lärmbestätigung des Generalimporteurs oder der Erklärung vom Zollamt für Übersiedlungsgut, welche mit dem Stempel für die

Fahrzeugabfertigung versehen sein muss. Die EU-Übereinstimmungsbescheinigung haben Sie beim Kauf Ihres Wagens eventuell schon vom Verkäufer erhalten. Das würde das Verfahren beschleunigen. Die Ummeldung dauert insgesamt ungefähr einen Monat. Sie sollten also spätestens elf Monate nach Ihrem Umzug alles in die Wege leiten.
Ein Merkblatt über alle Voraussetzungen, unter denen Sie Ihren PKW in die Schweiz einführen können, ist im Internet herunterzuladen. Die Adresse finden Sie im Anhang unter »Downloads«.

103

Die Zulassung von Fahrzeugen läuft in der Schweiz nicht auf den Wagen, sondern auf den Halter, also auf Sie persönlich.

104

Die deutsche Autoversicherung wird Sie spätestens mit der Abmeldung in Deutschland entlassen. Um zu verhindern, dass Sie ohne Versicherung unterwegs sind, sollten Sie die deutsche Versicherung erst kündigen, wenn Ihr Wagen in der Schweiz angemeldet ist und Sie eine schweizerische Autoversicherung abgeschlossen haben. Fragen Sie Ihre neuen Kollegen um Rat bei der Wahl einer Schweizer Autoversicherung. Die Schweizer werden sich freuen, dass sie einmal etwas besser wissen als ein Deutscher. Geben Sie Ihnen die Chance und bedanken Sie sich für Tipps überschwänglich. Einen Überblick über Versicherungen im Internet gibt es unter **www.comparis.ch**.

Außerdem sollten Sie in der Schweiz einc Haftpflichtversicherung abschließen.

105

Wenn Sie zur Erholung nach der Arbeit gern durch Shopping-Malls stromern, ist Ihnen das »Glatt-Zentrum« zu empfehlen. Es ist die älteste Shopping-Mall der Schweiz und liegt in Wallisellen, am nördlichen Stadtrand von Zürich. Von außen strahlt »das Glatt« den Charme der 1970er Jahre aus, in denen es gebaut wurde. Innen herrscht die Atmosphäre aller großen Einkaufstempel in eher volkstümlicher Ausprägung. Es gibt rund 100 Geschäfte mit einem umfangreichen Angebot an Kleidung, Elektro- und Bürobedarf, Schuhen, Lebensmittel, Kinderspielzeug, Medien und Einrichtungsbedarf. Hier lernt man den Alltag der Schweiz kennen. Neue Winterthurerstrasse 99, 8301 Wallisellen, im Internet unter **www.glatt.ch**.

106

Falls Sie nach der Arbeit genug von anderen Menschen haben und nur noch bei einer DVD entspannen wollen, könnte Ihnen »Les Vidéos« gefallen. Diese Videothek versteht sich als Archiv für Filme aller Art auf DVD und VHS und hat eine riesige, internationale Auswahl sowohl an Anspruchsvollem als auch an Unterhaltung. Wer zu faul ist, die Filme zurückzubringen, kann sie auch per Post schicken. Zähringerstrasse 37, hinter dem Central. Telefon 044/2 61 79 76. Im Internet unter **www.les-videos.ch**.

Freizeit und Sport, Kurse und Vereine

107

Kurse und Vereine bieten eine sehr gute Möglichkeit, neue Bekanntschaften zu schließen. Erwarten Sie aber nicht zu viel von den Schweizerinnen und Schweizern. Der Schritt von unverbindlichen »Kollegschaften« zu engeren Freundschaften geht bei ihnen sehr langsam. Bleiben Sie dennoch offen und zeigen Sie es, wenn Ihnen jemand sympathisch ist und Sie gern mit ihm oder ihr einen Kaffee trinken möchten. Als Deutschem oder Deutscher gesteht man Ihnen mehr Initiative zu als einem Einheimischen. Und mehr als ein »Danke, das ist lieb, aber lieber ein anderes Mal« riskieren Sie mit Ihrer Frage nicht.

108

Ein sehr umfangreiches, preisgünstiges Angebot an Kursen von Sprachen über Handwerk bis Sport bietet die Klubschule des Migros-Konzerns. Sie hat in Zürich fünf Standorte mit unterschiedlichen Angeboten von Griechisch über Kochen bis Traumdeutung.
Informationen finden Sie im Internet unter **www.klubschule.ch**.

109

Die Migros-Klubschule bietet auch Schweizerdeutsch-Kurse an. Ihre Schweizer Kollegen werden es belächeln, wenn Sie einen solchen Kurs besuchen. Aber sie werden es auch als Zeichen Ihres guten Willens anerkennen.

110

Fast sämtliche Sportvereine der Stadt sind auf einer Homepage der Stadt Zürich verlinkt: Unter **www.sportamt.ch** ▸ Sportvereine (im Menu ganz rechts oben auf der Seite) können Sie einen passenden finden.

Ein weites Spektrum an Sportkursen von Aerobic über Bergsteigen bis Masai Walking gibt es auch bei dem Zürcher Sportveranstalter »Sportaktiv«. Viele Kurse sind allerdings rasch ausgebucht, für manche bestehen Wartelisten. Informationen gibt es per Telefon unter 044/3 88 99 99 oder im Internet unter **www.sportaktiv.ch**.

Wenn Sie oder Ihr Partner an einer der Zürcher Hochschulen arbeiten oder studieren, steht Ihnen zudem das riesige Sportangebot des »Akademischen Sportverband Zürich« (ASVZ) offen. Informationen gibt es im Internet unter **www.asvz.ch**.

Sollten Sie gern klettern, haben Sie in Zürich die Wahl zwischen mehreren Indoor-Kletterhallen. Eines der größten Kletterzentren der Welt ist das »Kletterzentrum Gaswerk« in Schlieren. Geöffnet im Sommer von 16 bis 22 Uhr, am Wochenende von 9 bis 20 Uhr, im Winter von 12 bis 22 Uhr. Mittwoch immer von 10 bis

22 Uhr. Kohlestrasse 12 b in Schlieren (Industriegebiet Gaswerk Nord). Telefon 044/7 55 44 33. Informationen im Internet unter **www.kletterzentrum.com**.

111

Falls Sie sich in Ihrer Freizeit der organisierten Gewichtskontrolle verschrieben haben, können Sie auch in Zürich Treffen der Weight Watchers besuchen. Die Weight Watchers treffen sich im Raum Zürich fünf Mal die Woche. Orte und Zeiten finden Sie im Internet unter **www.weightwatchers.ch**.

112

Viele Kurse vorwiegend aus dem geisteswissenschaftlichen Bereich bietet die Zürcher Volkshochschule an. Das Programm kann telefonisch unter 044/2 05 84 84 oder im Internet unter **www.vhszh.ch** angefordert werden.

113

Auch an der Hochschule der Künste kann man eine große Auswahl von öffentlichen Kursen besuchen. Das Spektrum reicht von Mal- und Zeichenklassen bis zu Unterricht in darstellenden Künsten und Architektur. Besonders zu empfehlen ist der Kurs »Kunst im öffentlichen und halböffentlichen Raum«. Auf geführten Spaziergängen durch die verschiedenen Stadtquartiere lernt man Zürich kennen und trifft interessante Leute. Das aktuelle Kursprogramm liegt im Museum für Gestaltung aus (siehe Punkt 313).

114

Musikunterricht für praktisch jedes denkbare Instrument und auf jedem Niveau bekommt man zum Beispiel am Zürcher Konservatorium. Neben der klassischen Spielweise liegt ein Schwerpunkt auf Jazz. Unterrichtet wird einzeln oder in Gruppen. Informationen im Sekretariat unter Telefon 044/2 50 46 00 oder im Internet unter **www.konsi.ch**.

115

In Zürich gibt es auch zahlreiche Kochschulen, die Kurse mit unterschiedlichsten Schwerpunkten veranstalten. Ganz der »ehrlichen« Küche und den Grundlagen hat sich die Kochschule »ChuchiArt« in Oerlikon verschrieben. Dort gibt es sogar einen Anfänger-Kurs mit dem Titel »Hilfe, meine Wohnung hat eine Küche«. Es existieren lange Wartelisten, gibt aber spezielle Angebote für Ersteilnehmer. Informationen und Anmeldung per Telefon unter 043/3 66 05 35 oder im Internet unter **www.chuchiart.ch**.
Ein sehr breites Spektrum an Kursen zur gehobenen Küche sowie die sporadische Möglichkeit, direkt von Starköchen zu lernen, bietet die Kochschule »La Cuisine« in Wipkingen an. Informationen und Anmeldung unter Telefon 044/2 01 24 34 oder im Internet unter **www.la-cuisine.ch**.
Auch die molekulare Küche können Sie in Zürich erlernen. Kurse bietet zum Beispiel die »Soul Food Factory« am Zollikerberg an. Anmeldung und Informationen unter Telefon 044/3 90 22 62 oder im Internet unter **www.soulfoodfactory.ch**.

116

Falls Sie eine Frau und im Fitness-Studio gern unter Ihresgleichen sind, wäre vielleicht das Studio »Lady Fit« etwas. Dort gibt es ein umfangreiches Angebot an Sport- und Bewegungskursen. Informationen unter Telefon 044/2 52 33 33 oder im Internet unter **www.lady-fit.ch**.

Schwule und Lesben, die am liebsten mit anderen Schwulen oder Lesben Sport treiben, können auf das umfangreiche Angebot von »Gaysport Zürich« zurückgreifen, im Internet unter **www.gaysport.ch**.

117

Informationen speziell zum Thema Laufen und Jogging finden Sie ab Punkt 254.

118

Immer wenn das Wetter es ermöglicht, findet in Zürich montags der »Monday Night Skate« statt. Jeweils um 19 Uhr versammeln sich Rollschuhfahrer am Bürkliplatz, um knapp zwei Stunden auf Inline-Skates über gesperrte Straßen zu rasen. Der Monday Night Skate ist nur für geübte Fahrer geeignet. Jeweils um 18 Uhr wird entschieden, ob der Lauf stattfindet. Informationen gibt es im Internet unter **www.nightskate.ch** ▸ Zürich.

Kollegen und Freunde

119
Wenn ein Schweizer von einem »Kollegen« spricht, meint er in der Regel einen Freund. Wenn er einen Arbeitskollegen meint, sagt er »Arbeitskollege«.

120
Nehmen Sie es nicht persönlich, wenn Ihnen die Schweizer Arbeitskollegen sehr distanziert vorkommen. Es dauert eine Weile, bis man ihr Vertrauen gewonnen hat. Auch dann sind sie noch distanziert. Das ist ihre Natur. Schweizer empfinden sich in Freundschaften selbst durchaus als offen.

121
Etwas, was man mit »Kollegen« gern unternimmt ist »Eis go zieh«. Das heißt wörtlich übersetzt »Eines ziehen gehen«. Es bedeutet, dass man in ein Café oder eine Bar geht, um zusammen etwas zu trinken. Manchmal ist auch vom »Aperöle« die Rede. Das heißt, dass man dasselbe am frühen Abend tut. Dann heißt das Getränk »Apéro« oder »Aperitiv«, und es darf auch ein bisschen Alkohol drin sein.

123

Um eine Sache nachdrücklich zu betonen, verwenden Zürcherinnen und Zürcher gerne die Vorsilbe »huere«. Das bedeutet genau das, wonach es klingt. »Das isch huereschön gsi«. Das tun auch Angehörige der gebildeteren Schichten und Erwachsene. Zucken Sie nicht zusammen. Die gemäßigte Variante heißt »mega-...«.

124

Wenn man sich über das Ausgehen unterhält, benutzt man in Zürich oft die Wendung »in den Ausgang gehen«.

125

Falls Sie über 30 sind und unter den Schweizern Freunde finden wollen, tragen Sie besser keine Kleidung von H&M. Oder sagen Sie es nicht. Kombinieren Sie dazu teure Schuhe, Taschen und Gürtel oder allenfalls stilvolle Markenware vergangener Epochen aus dem Secondhandladen. In weiten Zürcher Kreisen herrschen ziemlich strenge Ansichten darüber, ab wann man sich erwachsen und kaufkräftig zu benehmen hat. Dazu gehört auch die Kleidung.

Zürich lesen

126

Sollten Sie Kolumnen mögen und gern öffentliche Verkehrsmittel benutzen, gefällt Ihnen vielleicht »Im Tram« von Thomas Schenk. Der Autor ist eigentlich Wirtschaftsjournalist, hat sich aber entschlossen, nebenher als Tramfahrer zu arbeiten. In diesem Buch erzählt er gleichzeitig sachlich und poetisch, wie er aus dieser Perspektive Zürich erlebt. (Limmat Verlag)

127

Weitere Bücher, die Ihnen die Stadt Zürich näherbringen können, sind zum Beispiel:

»Richtig Leben mit Geri Weibel« von Martin Suter. In dem Band versammeln sich kurze Episoden um den Sozialversager Geri Weibel, der so gern Teil der unbeeindruckbaren Zürcher Ausgehszene wäre. Je mehr Mühe er sich gibt, alles richtig zu machen, desto schlimmer läuft er ins Messer. Nicht alle Regeln der stilbewussten Schickimickis sind wirklich ganz so streng wie in diesen nur leicht grotesken, pointierten Stückchen. Aber die urbane Zürcher Gesellschaft hat sich auch noch nicht so sehr gelockert, dass die Geschichten keine Gültigkeit mehr hätten. Martin Suter ist einer der renommiertesten Autoren des Landes. Er lebt seit vielen Jahren in Ibiza und Zentralamerika. (Diogenes Verlag)

»Fremde Hände« von Petra Ivanov. Dieser Kriminalroman spielt im Alltag, im Rotlichtmilieu und an den schäbigen Rändern der Stadt. Darin gelingt es der Autorin sehr genau, den Umgang der Menschen miteinander, den Ton und das Tempo von Zürich abzubilden. (Appenzeller Verlag)

»Zürich bei Nacht« von Roger Graf. Auch dieser Krimi führt in Milieus und Gegenden von Zürich, wo die Touristen nicht hinkommen, und gibt ein Gefühl für die alltägliche Atmosphäre der Stadt. (Piper Verlag)

»Köbi der Held« von Stefan Pörtner. Pörtners Stil ist etwas schnoddrig. Aber sein Herz schlägt auch ganz klar für die unangepassten Bewohner und ihre Probleme. (Goldmann Taschenbuch)

»Engel im falschen Zug« von Viviane Egli. Dieses Buch ist ebenfalls als Krimi erschienen, im Vordergrund steht aber eigentlich das zurückgezogene Leben der Doktorandin Nora im immer winterlicher werdenden Zürich. (Orte-Verlag)

»Mars« von Fritz Zorn. Dieses Buch erschütterte in den 1970er Jahren das Land. In einer atemlosen Anklage rekapituliert der junge, todkranke Autor sein kurzes, ersticktes Leben in der Enge der besseren Zürcher Gesellschaft an der Goldküste, aus der er stammt. Das Buch ist ein Markstein der Schweizer Literatur. Aus heutiger Sicht liest es sich als Einblick in eine gesellschaftliche Luftleere, die erst durch die Umbrüche der 1990er Jahre langsam an Macht verloren hat. (Fischer Taschenbuch)

»Augen zu« von Ruth Schweikert. Ruth Schweikert ist eine der bekanntesten Schweizer Autorinnen der jüngeren Generation. In ihrem literarisch dichten Roman schildert sie das beiläufige Leiden im halbbourgeoisen Zürcher Künstlermilieu. Ihre Stärke sind exakte und gnadenlose Schilderungen des Alltags in einer satten, verlustängstlichen Gesellschaft, wie sie in der Schweiz an vielen Orten zu finden, in Zürich aber am erfolgreichsten ist. (Fischer Taschenbuch)

128

Und natürlich »Zürich by Mike«, die Comics von Mike van Audenhove. Der Amerikaner lebte viele Jahre in der Stadt, inzwischen ist er ins Tessin gezogen. Seine Strips erscheinen regelmäßig im »Züri-Tipp« und anderen Zeitungen und haben den heiteren Zeichner zu einem regionalen Liebling gemacht. (edition moderne)

129

Natürlich können Sie Ihre Bücher in jeder Filiale von »Orell Füssli« kaufen oder bestellen. Das ist der »Hugendubel« der Schweiz. In Zürich gibt es sechs Filialen mit unterschiedlichen Schwerpunkten.
Zwei große Filialen hat auch die Zürcher Buchhandlung »Barth«. Vor allem die Taschenbuchfiliale im Shopville unter dem Hauptbahnhof ist sehr gut sortiert.
Aber Sie können auch die vielen individuelleren und spezialisierteren Buchhandlungen in der Stadt entdecken und sich darüber freuen, dass sie trotz der gefallenen Buchpreisbindung in der Schweiz überleben.

130

Wenn Sie gern lesen, lohnt es sich sogar, sich bald einen Buchhändler des Vertrauens zu suchen. So haben Sie immer einen Ort, an den Sie gehen können, wenn Ihnen die Stadt wieder einmal über den Kopf wächst und Sie alles in der Schweiz nervt. Sagen Sie es einfach Ihrer Buchhändlerin, und sie wird Ihnen Bücher empfehlen, die Sie wieder mit Land und Leuten versöhnen.

131

Hier eine kleine, alphabetische Auswahl möglicher Lieblingsbuchhandlungen:

»Buch & Wein-Laden«. Betreiberin Rosmarie Gfeller bietet einerseits hochwertige Weine, vorwiegend aus der Schweiz und Italien, und andererseits Bücher, die dazu passen. Diese Verbindung ist natürlich nicht zwingend, es kann jedes lieferbare Buch bestellt werden. Außerdem finden regelmäßig Lesungen statt. Ankerstrasse 12 (Kreis 4), Telefon 044/2404240. Informationen im Internet unter **www.buchundwein.ch**.

Buchhandlung »Calligramme«. Das Geschäft von Buchhändlerin Helene Lehmann gilt vielen Zürchern als die beste literarische Buchhandlung der Stadt. In angenehm vollgestapeltem Ambiente führt das Geschäft ein anspruchsvolles Programm von Literatur über Kunst bis Theorie und liegt etwas versteckt und von außen unauffällig im Niederdorf. Häringstrasse 4 (Kreis 1). Telefon 044/2529583.

Buchhandlung »Hirslanden«. Dem Laden von Eva und Walter Reimann haben Kunden schon den besonderen Charme von Hugh Grants Buchladen im Film »Notting Hill« bescheinigt. Freiestrasse 221 (Kreis 7), Telefon 044/3810666, im Internet unter **www.buchhandlung-hirslanden.ch**.

Im »Kleinen Bücherhaus« von Myrtha Peters gibt es ebenfalls persönliche und charmante Beratung. Und wenn ein Buch nicht mehr lieferbar ist, stöbert die Besitzerin so lange, bis sie es antiquarisch auftreiben kann. Delphinstrasse 11 (Kreis 8), Telefon 044/2618306.

Ein klassischer Stadtteilbuchladen ist »Nievergelt« in Zürich-Nord. Geführt wird ein breites Sortiment an aktueller Belletristik und Sachbüchern, es finden Lesungen statt und regelmäßig werden auch Bilder ausgestellt. Franklinstrasse 23 (Kreis 11), Telefon 044/3 17 50 10, im Internet unter **www.buch-kunst.ch**.

»Paranoia City« ist eine sehr engagierte Buchhandlung mit Schwerpunkten auf Belletristik, Sachbuch und Spaß am Nachdenken über die Gesellschaft. Außerdem führt Paranoia City das ausgewählte Buchkunstsortiment der Büchergilde Gutenberg. Bäckerstrasse 9 (Kreis 4), Telefon 044/2 41 37 05. Im Internet unter **www.paranoiacity.ch**.

Ein ambitioniertes Sortiment von Belletristik über Kunst bis Philosophie bietet auch der gediegen stylische Buchladen »Sec 52« an der Josefstrasse 52 (Kreis 5), Telefon 044/2 71 18 18, im Internet unter **www.sec52.ch**.

132

Viele Buchhandlungen in Zürich haben besondere Spezialisierungen. Hier ist eine Auswahl:

Ein riesiges Sortiment an deutschen und amerikanischen Comics, auch Underground, gibt es im »Analph«-Comicladen an der Strassburgstrasse 10 im Kreis 4. Telefon 044/2 41 96 95. Im Internet **www.analph.ch**.

Als erste Adresse für französische Comics gilt der Comics-Shop Keller an der Froschaugasse 7 im Niederdorf (Kreis 1). Telefonnummer 044/2 53 22 22.

Die »Buchhandlung Im Licht« bietet esoterische Literatur samt Zubehör in großer Vielfalt, außerdem finden regelmäßig Seminare statt. Oberdorfstrasse 28 (Kreis 1), Telefonnummer 044/2 52 68 68. Im Internet **www.imlicht.ch**.

Im Haus direkt daneben befindet sich der große, gut sortierte »KinderBuchLaden«. Oberdorfstrasse 32. Telefonnummer 044/2 65 30 00. Im Internet unter **www.kinderbuchladen.ch**

Ein besonderes Geschäft betreibt die Märchenerzählerin Ursina Lüthi. In ihrem »Märchenraum« veranstaltet sie Erzählabende und andere Anlässe. Immer mittwochs von 15 bis 18 Uhr verkauft sie auch Sagen- und Märchenbücher aus ihrem riesigen Sortiment. Oerlikonerstrasse 91 (Kreis 11), Telefon 044/7 20 00 34 oder im Internet unter **www.maerchen-luethi.ch**.

Wenn Sie am liebsten Bücher über Autos oder Motorräder lesen, kommen Sie nicht an »Andy's Motorbooks« vorbei. Der Besitzer ist ein leidenschaftlicher Schrauber und führt oder beschafft alles, was Sie zum Thema brauchen. Morgartenstrasse 22 im Kreis 4, Telefon 044/2 41 13 12. Im Internet unter **www.motorbooks.ch**.

In der Buchhandlung »Buch und Tuch« kann man einerseits Literatur sowie Kochbücher und andererseits hochwertige Stoffe kaufen. Angeschlossen ist ein Nähatelier. Der Laden befindet sich an der Renggerstrasse 60, der Eingang liegt in der Albisstrasse im Kreis 2. Telefon 044/4 80 20 40. Im Internet unter **www.buchundtuch.ch**.

Der »Travel Book Shop« von Gisela Treichler gehört seit Jahren fest ins Niederdorf und ist spezialisiert auf Reiseliteratur aller Art sowie auf Landkarten und Stadtpläne. Rindermarkt 20, Telefonnummer 044/ 252 38 83. Im Internet unter **www.travelbookshop.ch**.

133

Auch fremdsprachige Literatur findet man in Zürich in einigen Buchhandlungen:

Eine riesige Auswahl von Büchern aus dem gesamten asiatischen Raum bietet die »Asiatica-Buchhandlung« an der Schäppistrasse 22 (Kreis 6), Telefon 044/3 62 47 25. Im Internet unter **www.asiaticabooks.net**.

Englische Bücher gibt es unter anderem bei Orell Füssli »The Bookshop« an der Bahnhofstrasse 70 (Kreis 1), Telefon 044/2 11 04 44.

Französische Bücher führt »Payot chez Orell Füssli«, Marktgasse 12 (Erste Etage) im Kreis 1.

Jüdische Literatur aller Art ist bei »Books & Bagels« an der Waffenplatzstrasse 11 im Kreis 2 zu finden. Telefon 044/2 01 11 20. Im Internet unter **www.booksnbagels.com**.

Auf lateinamerikanische Literatur spezialisiert hat sich die »Libreria El Condor« am Seilergraben 43 (Kreis 1). Telefon 044/2 62 09 66 oder im Internet unter **www.condorlibros.com**.

Romanische Literatur in französischer, italienischer, spanischer und portugiesischer Sprache bietet die Buchhandlung »Romanica« an der Schifflände 5 (Kreis 1) an. Telefonnummer 044/2 52 19 62, im Internet unter **www.romanica.ch**.
Portugiesische Bücher gibt es auch bei »Luso Livro« an der Hohlstrasse 221 (Kreis 4), Telefonnummer 044/4 32 21 85. Im Internet unter **www.lusolivro.ch**.

Russische Bücher führt »Pinkrus«. Spiegelgasse 18 (Kreis 1), Telefon 044/2 62 22 66. Im Internet unter **www.pinkrus.ch**.

134

Zürichs legendärstes Antiquariat ist das »ABC-Antiquariat Pinkus«. Es hat mit der ähnlich klingenden russischen Buchhandlung nichts zu tun. Gegründet wurde es von dem kommunistischen Buchhändler- und Verlegerpaar Theo und Amalie Pinkus. Es ist spezialisiert auf Literatur aus der Arbeiterbewegung sowie Kunst, Politik und linke Belletristik. Zudem bietet es eine große Auswahl an wertvollen antiquarischen Büchern. Angefangen hat das Antiquariat 1939 als »Büchersuchdienst«. Indem Pinkus vorwiegend bei Privatleuten alte Auflagen von vergriffenen oder aus politischen Gründen missliebigen Büchern aufkaufte und diese weiter unter die Leute brachte, setzte er der geistigen Enge der Kriegsjahre in der Schweiz etwas entgegen. Als Service wird bis heute weltweit nach schwer zu findenden Titeln geforscht. Die Buchhandlung liegt an der Zähringerstrasse 31 (Kreis 1), Telefon 044/2 52 71 45. Im Internet unter **www.abc-buch.ch**.

135

Wenn Sie auf dem Laufenden bleiben wollen, was in Ihrer alten Heimat geschieht, finden Sie an den allermeisten Kiosken zumindest in der City eine Auswahl an deutschen Tages- und Wochenzeitungen. Die gängigen deutschen Zeitschriften sind ohnehin an allen Schweizer Kiosken im Sortiment. Falls Sie Ihr Lieblingsblatt nicht finden, können Sie die Kioskfrau darauf ansprechen. Die Kioske in Zürich werden praktisch alle von einem Unternehmen mit dem Namen »k kiosk« bestückt. Das bedeutet, dass Sie auch beim kleinen Quartierkiosk jede lieferbare in- oder ausländische Zeitung bestellen oder vorbestellen können.

136

Die größten Kioske mit internationalem Angebot befinden sich am Hauptbahnhof.

137

Falls Sie in den 1980er Jahren »Tempo«- oder »Wiener«-Leser waren und sich fragen, was aus all den Autoren geworden ist, die dort geschrieben haben, kaufen Sie einmal die Schweizer Glamour-Zeitschrift »Faces«. Dort finden Sie sie wieder.

138

Auch in den meisten Bibliotheken können deutsche und andere ausländische Zeitungen gelesen werden.

139

Städtische »Pestalozzi-Bibliotheken« gibt es in Zürich in jedem Stadtkreis. Sie sind hervorragend sortiert und bieten neben neuester Literatur auch CDs und DVDs aus allen Bereichen zur Ausleihe, sowie ein großes Angebot an Zeitungen und Zeitschriften zum Lesen vor Ort an. Ein Verzeichnis der Bibliotheken finden Sie im Internet unter **www.pbz.ch** ▸ Bibliotheken ▸ Standorte. Sobald Sie in Zürich einen festen Wohnsitz haben, können Sie für kleines Geld Mitglied werden, die Gebühren liegen zwischen zehn und 45 Franken im Jahr.

140

Schön und groß ist die Zentralbibliothek am Zähringerplatz 6 im Niederdorf. Unter der Woche ist der Lesesaal von 8 bis 20 Uhr, am Samstag von 8 bis 16 Uhr geöffnet. Telefon 044/2 68 3100, weitere Informationen im Internet unter **www.zb.uzh.ch**.
In der Bibliothek des Kunsthauses Zürich gibt es kunsthistorische Fachliteratur aus Gegenwart und Vergangenheit sowie ein Angebot zu benachbarten Gebieten wie Philosophie und Literatur. Die Benutzung der Bibliothek und des Lesesaals ist kostenlos. Um Medien ausleihen zu können, müssen Sie aber Mitglied der Zürcher Kunstgesellschaft werden. Rämistrasse 45. Geöffnet Montag bis Freitag 13 bis 18 Uhr.

Telefon 044/2 53 85 31. Informationen im Internet unter **www.kunsthaus.ch/bibliothek**.

Auch die Zürcher Hochschule der Künste hat eine öffentliche Fachbibliothek mit den Schwerpunkten Kunst, Design, Architektur, Grafik, Film, Fotografie und Schmuck sowie Gestaltung und Mode. Die Benutzung und Ausleihe ist kostenlos, man muss sich aber einschreiben. Ausstellungsstrasse 60. Geöffnet Montag bis Freitag 10 bis 18 Uhr. Übersicht im Internet unter **www.zhdk.ch** ▸ Medien- und Informationszentrum.

Kirchen, Gemeinschaften und Selbsthilfegruppen

141
In Zürich gibt es Angebote für fast jede denkbare religiöse und weltanschauliche Gruppierung.

142
Ein Verzeichnis aller Gemeinden und Gottesdienste der evangelisch-reformierten und der römisch-katholischen Kirche in Zürich finden Sie im Internet unter **www.kirche-zh.ch**.

143
Schon von weitem sieht man die riesige, mit ihrem gewaltigen Kirchturm mediterran anmutende Liebfrauenkirche. Sie liegt hoch über dem Central-Platz am Hang des Zürichbergs und ist römisch-katholisch. Ihr Inneres ist einer frühchristlichen Basilika nachempfunden und hat beinahe orthodoxen Charakter. Auch wenn man nicht katholisch oder nicht einmal gläubig ist, lohnt es sich, die Stufen hinaufzusteigen und sich für ein paar ruhige Momente hineinzusetzen. Zehnderweg 9.

144
Architektonisch ein völlig anderes Kaliber, aber ebenso beeindruckend ist die katholische St. Gallus-Kirche in Schwamendingen. In einem riesigen Spannbetonbogen spiegelt sich die Moderne der 1960er Jahre wider. Und wenn man sich umdreht, dräut die Orgel wie eine enorme Fledermaus an der Decke. Dübendorfstrasse 60.

145
Die steinerne Wucht der Zürcher Reformation spürt man im Innern des kargen Grossmünsters, wo der Reformator Huldrych Zwingli im 16. Jahrhundert amtierte. Die beiden Türme sind Wahrzeichen der Stadt. Den einen davon – den Karlsturm – kann man besteigen und hat von dort oben einen sagenhaften Blick über Zürich und den See bis zu den Bergen. Zwingliplatz.

146
Etwas weniger streng, aber ebenso beeindruckend ist das Fraumünster auf der anderen Seite der Limmat. Mehrere Glasfenster stammen von Marc Chagall und eines von Augusto Giacometti. Am Münsterhofplatz.

147
Die Synagoge »Or Chadasch« der liberalen jüdischen Gemeinde ist an der Hallwylstrasse 78 zu finden. Telefon 043/3 22 03 14. Informationen **unter www.jlg.ch**. Die Synagoge der Israelitischen Cultusgemeinde kann man an der Löwenstrasse 10 besuchen.

Telefon 044/2 83 22 22. Informationen im Internet unter **www.icz.org**.

148

Die Mahmud-Moschee in Zürich ist die erste Moschee der Schweiz. Sie wurde 1963 an der Forchstrasse 323 (Kreis 8) eröffnet und gehört der gemäßigten Ahmadiyya-Richtung des Islam an. Telefon 044/3 81 55 70 oder **www.ahmadiyya.ch**.

149

In Zürich gibt es mehrere buddhistische Zentren unterschiedlicher Richtung.
Das Vajradhara-Kadampa Meditationszentrum residiert an der Mirabellenstrasse 1 im Kreis 9. Telefon 044/4 61 33 88. Informationen im Internet unter **www.vajradhara.ch**.
Das Zentrum für Zen-Buddhismus hat sich an der Schaffhauserstrasse 476 b niedergelassen. Meditationen immer Dienstag und Donnerstag 19.30 bis 21.15 Uhr. Telefon 044/3 12 10 62, im Internet unter **www.zzbzurich.ch**.
Das Buddhistische Zentrum Zürich bietet Meditationen und Vorträge in der Tradition der Karma Kagyü Linie. Es befindet sich an der Hammerstrasse 9 im Seefeld. Telefon 044/3 82 08 75.
Etwas außerhalb von Zürich liegt das buddhistische Kloster »Tibet-Institut Rikon«. In den 1960er Jahren wurde es unter der Schirmherrschaft des 14. Dalai Lama gegründet. Von Montag bis Samstag findet jeweils um 7 bis 7.45 Uhr eine Morgenmeditation mit

der Mönchsgemeinschaft statt. Geöffnet ist nur während öffentlicher Veranstaltungen und Führungen. Telefonische Auskunft gibt es unter 052/3 83 17 29. Die Bibliothek des Tibet-Instituts ist öffentlich zugänglich und weltweit eine der größten Fachbibliotheken mit tibetischer Literatur. Wildbergstrasse in 8486 Rikon im Tösstal. Informationen im Internet unter **www.tibet-institut.ch**.

150

Wenn Sie Kontakt zu einer Abstinenzgemeinschaft suchen, haben Sie in Zürich die Wahl zwischen den Anonymen Alkoholikern (AA) und den Narcotics Anonymous (NA).

An jedem Wochentag finden in Zürich mehrere AA-Meetings statt. Unter der Telefonnummer 08 48/84 88 85 erfahren Sie Ort und Zeit, die Hotline ist 24 Stunden geschaltet. Im Internet gibt es Informationen unter **www.anonyme-alkoholiker.ch**. Einen Link zur AA-Meetingsliste Zürich finden Sie im Anhang unter »Downloads«.

Die NA treffen sich in Zürich gegenwärtig zu fünf Meetings pro Woche. Eine Tonband-Info für die gesamte Deutschschweiz kann man unter der Telefonnummer 061/3 12 48 08 abhören. Nähere Informationen stehen im Internet unter **www.narcotics-anonymous.ch**. Den Link zum Verzeichnis der NA-Meetings in Zürich finden Sie im Anhang unter »Downloads«.

151

Die Meetings zahlreicher Selbsthilfegruppen von Arbeitssucht über Depressionen bis Essstörungen und diverse Krankheiten koordiniert das Beratungszentrum »Offene Tür Zürich«. Immer montags, dienstags und donnerstags von 13 bis 16 Uhr bekommen Sie dort telefonisch Auskunft zu den einzelnen Gruppen sowie Kontaktadressen. Die Telefonnummer lautet 043/2 88 88 88. Im Internet unter **www.offenetuer-zh.ch**.

Machen Sie die Stadt zu Ihrem Dorf

152
Schaffen Sie sich von Anfang an Gewohnheiten. Auch wenn Sie kein Gewohnheitsmensch sind. Trinken Sie jeden Morgen am selben Kiosk einen Kaffee, bevor Sie zur Arbeit gehen. Gehen Sie immer zur selben Zeit ins Fitnessstudio. Sogar, wenn sich bald ein leichtes Gefühl von Langeweile einstellt. Sobald Sie sich heimischer fühlen, können Sie damit wieder aufhören. Aber diese Routinen werden Ihnen helfen, sich an dem neuen Ort schnell wieder souverän und sicher zu fühlen. Dadurch gewinnen Sie Kraft, immer mehr von Ihrem neuen Terrain zu erkunden.

153
Wenn Ihnen jemand sympathisch ist, können Sie ein paar Worte mit ihm oder ihr sprechen. Das kann die Kioskfrau sein, die Kassiererin, der Nachbar im Hausflur oder eine Zufallsbekanntschaft. Rechnen Sie damit, dass die andere Person Sie vielleicht etwas merkwürdig findet. Lassen Sie sich davon nicht abschrecken. Die Schweiz wird Ihnen am Anfang das Gefühl geben, dass Sie sich als Deutscher kleiner und schmaler ma-

chen müssen, um akzeptiert zu werden. Beherzigen Sie das am Arbeitsplatz. Gleichen Sie es im restlichen Alltag aus, indem Sie aktiv sind und die ungeschriebenen Gesetze der Zurückhaltung manchmal gezielt überschreiten. Natürlich nur, wenn es Ihrem eigentlichen Bedürfnis entspricht.

154
Vielleicht werden Sie am Anfang leichter Kontakt zu Deutschen oder anderen Zugezogenen finden. Geben Sie trotzdem die Versuche nicht auf, auch mit den Einheimischen Freundschaften zu schließen.

155
Besuchen Sie in der ersten Zeit auch Orte, von denen Sie ahnen, dass sie wahrscheinlich nicht Ihrem Stil oder Geschmack entsprechen. Vielleicht finden Sie Seiten an sich, die Sie noch nicht kennen. Vielleicht entdecken Sie auch den Schweizer in sich.

156
Ziehen Sie Ihre Sinne zumindest am Anfang der virtuellen Welt vor. Lernen Sie die Stadt zu Fuß, mit dem Velo, mit den Trams und Bussen kennen. Packen Sie einen Stadtplan ein und riskieren Sie, sich heillos zu verfahren oder zu verlaufen. Bald werden Sie an den verschiedensten Stellen der Stadt eigene Erinnerungen antreffen und sich immer heimischer fühlen.

157

Sollte Ihnen die Idee von Tauschringen sympathisch sein, dann haben Sie in Zürich eine gute Auswahl, um Hilfsangebote und Dienstleistungen anzubieten und gegen ebensolche zu tauschen. Auf diese Weise treffen Sie Leute außerhalb Ihrer Arbeitsstelle und aus unterschiedlichen Milieus.

Beim Tauschring »Lets« kann man seine Zeit zum Beispiel gegen die gleichnamige Währung tauschen: man hilft jemandem bei der Korrespondenz oder hütet seine Kinder und bekommt dafür eine bestimmte Anzahl von »Lets« gutgeschrieben. Mit diesen kann man dann zum Beispiel eine Massage oder Hilfe beim Streichen der Wohnung bekommen. Informationen im Internet unter **www.lets.ch**.

Eher auf das Quartier bezogen ist das Netzwerk »Tauschen am Fluss« im Gemeinschaftszentrum Wipkingen. Die Tauschangebote werden aber online vermittelt, so dass auch Teilnehmer aus anderen Stadtteilen mitmachen können und willkommen sind. Im Internet unter **www.tauschenamfluss.ch**.

Der Tauschtreff im Gemeindezentrum »Solino« in der Innenstadt findet regelmäßig und mit persönlicher Anwesenheit statt. Aber auch dort wird Zeit gegen Zeit getauscht. Informationen im Internet unter **www.solino.ch** ▸ Tauschtreff.

Ausgehen

Wie, wo, wann, mit wem und wofür kann man in Zürich am Abend seinen Fernsehsessel verlassen? Und warum sollte man das tun? In diesem Kapitel erfahren Sie, was Zürich an Unterhaltung zu bieten hat.

Cafés und Restaurants

158

In Zürich geht man oft schon zwischen 18 und 19 Uhr essen. Viele Restaurants in der Innenstadt schließen auch am Wochenende schon um halb zwölf am Abend.

159

Wenn Sie in einem bestimmten Restaurant essen wollen, sollten Sie unbedingt reservieren. Zumindest am Wochenende werden Sie sonst nirgendwo einen Tisch bekommen. Achten Sie bei der Reservation auf die frühen Uhrzeiten. Es macht keinen Spaß, um halb neun essen zu gehen und als letzte Speisegäste von einer zunehmend gehetzten Kellnerin ständig umrundet zu werden, damit man endlich aufisst und sie den Gastraum zu Ende aufräumen kann.

160

Unprätentiöse Lokale, die ungefähr den Stellenwert des »Italieners« oder »Lieblingsgriechen« in Deutschland haben, gibt es in Zürich nur wenige. Essengehen ist in der Schweiz so teuer, dass man es richtig machen muss. Wenn Sie also ein Lokal sehen, das so aussieht, als könnte es Ihr Stammlokal werden, freuen Sie sich und nehmen Sie eine Karte mit, um das nächste Mal reservieren oder bestellen zu können.

161

Genau das Richtige, um nach einem erschöpfenden Tag nur noch schnell etwas zu essen, ist die Filiale des »New Point« am Albisriederplatz. Von außen gewinnt man den Eindruck, hier lägen drei unabhängige Gaststätten nebeneinander: ein Italiener, ein Döner-Imbiss und eine Eckkneipe. Im Innern sind die drei Lokale aber verbunden und bieten eine einheitliche Speisekarte aus preisgünstigen, sättigenden und trotzdem ordentlich zubereiteten Speisen aus der italienischen und türkischen Küche. Badenerstrasse 354. Geöffnet 8 bis 4.30 Uhr. Reservationen sind nicht nötig.

162

24-Stunden-Imbisse sind in Zürich so gut wie unbekannt. Aber in den Ausgehvierteln gibt es zunehmend Lokale, die immerhin bis um drei oder vier Uhr morgens warme Küche anbieten.
Im »Commercio«, das zum gleichnamigen Arthouse-Kino gehört, gibt es gute italienische Küche, und das jeden Abend bis um zwei Uhr. Mühlebachstrasse 2.
Die von denselben Betreibern geführte »Commihalle« an der Stampfenbachstrasse 8 hat immer am Wochenende bis um zwei Uhr geöffnet. Hier gibt es italienische Küche auf weißen Tischtüchern und manchmal finden Jazz-Konzerte statt.

In der »Spaghetti-Factory« bekommt man am Wochenende ebenfalls bis zwei Uhr Pasta aller Art in lockerer Atmosphäre. Niederdorfstrasse 5.
Das feine vegetarische Restaurant »Hiltl« hat am Freitag und Samstag sogar bis vier Uhr morgens geöffnet. Sihlstrasse 28.
Auch das legendäre »Odeon« bietet unter der Woche bis um zwei und am Freitag und Samstag bis um vier Uhr warme Küche. Limmatquai 2 am Bellevue.
Und bei den Filialen von »New Point« gibt es jede Nacht bis 4.30 Uhr frische Döner, die in Zürich »Kebab« heißen. Langstrasse 206 und Albisriederplatz 5.

163

»À discrétion« bedeutet, dass Sie in einem Restaurant zum Festpreis soviel essen dürfen, wie Sie wollen.

164

Bionade gibt es nicht in der Schweiz. Wenn Sie Bionade lieben, werden Sie »Rivella« mögen.

165

Sollten Sie ein Pils wollen, bestellen Sie eine »Stange«. Dann bekommen Sie 0,3 Liter Bier. Wenn Sie einen halben Liter wollen, bestellen Sie »ein Großes«. Wenn Sie Hefeweizen oder Weißbier wollen, setzen Sie sich in eines der wenigen Lokale, die so etwas führen. Wie auch immer Sie Ihr Bier bestellen, beschweren Sie sich nicht über die flüssige Schaumkrone. Das trinkt man so in der Schweiz.

166

Wenn Sie Weinliebhaber sind, können Sie sich freuen. In der Regel bieten auch die einfachsten Wirtschaften akzeptable Weine offen an. Gängige Darreichungsformen sind »es Einerli« (0,1 l), »es Zweierli« (0,2 l) oder »es Halbeli« beziehungsweise »en Halbe« (0,5 l). Die übliche Maßeinheit heißt »Dezi« – Deziliter (10 ml). Wenn man eine Weißweinschorle möchte, bestellt man »einen gespritzten Weißen«.

167

In urigen Gasthäusern gibt es oft ein preisgünstiges, mehrgängiges Tagesmenü. Dieses beinhaltet zur Vorspeise manchmal alternativ Suppe oder »Jus«. Wenn Sie den Jus – ausgesprochen: Schü – wählen, bekommen Sie einen Orangen- oder manchmal einen Tomatensaft.

168

Je nachdem, wo Sie vorher gewohnt haben, wird Ihnen das Servierpersonal in Zürich extrem zuvorkommend oder absurd unhöflich erscheinen. Die Einheimischen sind sich darin einig, dass die Kellnerinnen und Kellner der Stadt erhebliche Mängel in punkto Freundlichkeit haben. Manche müssen sogar zähneknirschend zugeben, dass vor allem die vielen Ostdeutschen, die im Service beschäftigt sind, besonders liebenswürdig auftreten.

169

Falls Sie sich in urige Etablissements trauen, werden Sie dort Menschen sehen, die jassen. Jass ist ein Kartenspiel, das ungefähr die Bedeutung von Skat oder Doppelkopf hat. Die Wahrscheinlichkeit, dass man Sie zum Mitspielen einlädt, ist leider gering. Dennoch werden Sie an solchen Orten wahrscheinlich einen lustigeren Abend verbringen als in einem In-Restaurant. Denn je mehr Wert ein Zürcher darauf legt, am richtigen Ort von den richtigen Leuten gesehen zu werden, desto verkrampfter und verschlossener wird er. Auch der In-Crowd macht es keinen Spaß. Aber eine unsichtbare Macht zwingt die Mitglieder dazu, es trotzdem zu probieren. Halten Sie sich von den In-Plätzen fern. Sie werden Ihnen nur das Gefühl geben, in Zürich ganz falsch zu sein. Das brauchen Sie nun wirklich nicht.

170

Zum Nachhausekommen kann man sehr gut das komfortable Nachtnetz der Zürcher Verkehrsbetriebe nutzen. Allerdings ist zum normalen Billet ein Zuschlag von fünf Franken zu bezahlen. Das Zusatzbillet müssen Sie am Automaten lösen, bevor Sie in den Nachtbus oder die S-Bahn einsteigen.
Taxis können Sie unter den Nummern 044/4 44 44 44 oder 044/7 77 77 77 oder 044/2 22 22 22 bestellen. Über die hohen Taxipreise in der Stadt werden Sie sich natürlich nicht wundern.

Kino und Theater

171
Wer am Wochenende in Zürich einen bestimmten Film im Kino wirklich sehen will, sollte die Karten telefonisch reservieren. Die Hotline steht jeweils im Kinoprogramm angegeben.

172
Am Montag ist in Zürich Kinotag und alle Billette kosten nur zwölf Franken.

173
Fremdsprachige – auch amerikanische – Filme werden in der Schweiz grundsätzlich in Originalfassung mit Untertiteln gezeigt. Nach ungefähr drei Minuten werden Sie sich daran gewöhnt haben. Wenn Sie einmal wissen, wie viel mehr Spaß es macht, die echten Stimmen zu hören, werden Sie auf immer für Synchronfassungen verloren sein und in Zukunft Ihren deutschen Freunden als entschlossener Kinosnob und Originalfassungs-Fetischist begegnen. Sie werden sich in Kinofragen wie ein Schweizer verhalten und stolz darauf sein.

174

Immer am Donnerstag erscheint im Tages-Anzeiger die Beilage »Züri-Tipp«. Der Züri-Tipp ist das Stadtmagazin von Zürich mit allen kulturellen Informationen und dem Kinoprogramm. Immer am Freitag liegt zudem das Ausgehmagazin »20 Minuten Week« kostenlos in den Verteilerboxen an Bahnhöfen und Tramhaltestellen aus. Dessen Schwerpunkt liegt auf einem etwas jüngeren Publikum als beim »Züri-Tipp«, aber die redaktionellen Beiträge sind sehr professionell und oftmals kann man gute Hinweise auf Läden, Veranstaltungen und Restaurants finden.

Cineasten und Kinogänger aus der ganzen Schweiz tauschen sich auf der Internetseite **www.cineman.ch** aus. Dort finden Sie subjektive – aber durchaus qualifizierte – Kritiken aller Filme, die gerade laufen.

175

Wenn Sie gern im Kreis von alternativ und cineastisch engagierten Menschen auf gemütlich durchgesessenen Sofas filmische Raritäten, europäische Retrospektiven und seltene Programme sehen, werden Sie um das »Sofa-Kino Xenix« an der Kanzleistrasse 52 nicht herumkommen. Außerdem hat das Kino eine hübsche Bar, die bis spät geöffnet ist. Programminformationen und Reservierungen unter Telefon 044/2 42 04 11 oder im Internet unter **www.xenix.ch**.

176

Weitere unabhängige Kinos, die Arthouse-Filme zeigen, sind das »Riffraff« an der Röntgenstrasse 22 im

Kreis 5 (**www.riffraff.ch**) und das städtische »Filmpodium« an der Nüschelerstrasse 11 (**www.filmpo dium.ch**).

177

Die größte staatliche Theaterinstitution der Stadt ist das Schauspielhaus Zürich. Es betreibt zwei Spielstätten: den altehrwürdigen »Pfauen« mitsamt Kellertheater und den modern-industriellen »Schiffbau«. Der Ruhm des Pfauen im deutschen Sprachraum stammt aus den Jahren des Zweiten Weltkriegs. Damals fanden viele deutsche Schauspieler, die unter den Nazis nicht mehr erwünscht waren oder für diese nicht arbeiten wollten, an der klar antifaschistisch ausgerichteten Bühne in Zürich eine neue künstlerische Heimat. Der moderne Schiffbau wurde 2000 für den renommierten Regisseur Christoph Marthaler eröffnet, um ihn aus Deutschland in seine Heimatstadt Zürich zurückzulocken. Inzwischen ist er wieder weitergezogen, aber der Ruhm des Theaters ist geblieben. In dem riesigen Komplex sind mehrere Spielstätten für Theater sowie das Restaurant »LaSalle« (siehe Hinweis 356), der Jazzclub »Moods« und die »Labor-Bar« untergebracht. Programme im Internet unter **www.schauspiel haus.ch**.

178

Die Kulturszene der Insider bezeichnet sich selbst als »Kulturchueche«. Das spricht man »Kultur-chu-e-che« aus, das »ch« klingt wie in »ach«. Es bedeutet Kulturkuchen.

179

Die bekannteste – und lauschigste – Spielstätte für alternative Kultur ist die »Rote Fabrik« am Zürichseeufer. Sie wurde in den 1980er Jahren im Zuge der Hausbesetzerbewegung gegründet und hat sich bis heute auf hohem Niveau gehalten. In der »Roten Fabrik« finden Festivals, Partys und Konzerte statt, und es gastieren regelmäßig internationale freie Theatertruppen aus der ganzen Welt im »Fabriktheater«. Zusätzlich gibt es auch ein Restaurant und den Kunstraum »Shedhalle«. Seestrasse 395. Weitere Informationen und Programm im Internet unter **www.rote fabrik.ch**.

180

Wichtige Theaterproduktionen von freien Gruppen und Koproduktionen mit oft internationalen Partnern werden im »Theaterhaus Gessnerallee« gezeigt.
Gessnerallee 8, Programm im Internet unter **www.gessnerallee.ch**.
Das »Theater am Neumarkt« hat ein eigenes kleines Ensemble, das häufig mit Gästen ergänzt wird. Das Theater ist spezialisiert auf experimentelle Abende, die meist in einem sehr reizvollen Gegensatz zum gediegen altmodischen Theatersaal stehen. Neumarkt 5, im Internet unter **www.theaterneumarkt.ch**.

181

Wenn Sie gern ins Theater gehen, lohnt es sich auch, die anderen, kleineren unabhängigen Spielorte in Zürich im Blick zu behalten.

Zum Beispiel das »Theater an der Winkelwiese«, das seinen Schwerpunkt in junger Gegenwartsdramatik hat. Winkelwiese 4. Programm im Internet unter **www.winkelwiese.ch**.
Oder das »Sogar Theater« an der Josefstrasse 106. Es ist auf das wahre Leben und seine Dramen spezialisiert und erzählt davon oft in anspruchsvollen Ein-Personen-Inszenierungen. Programm im Internet unter **www.sogar.ch**.

182

Legendär ist das »Zürcher Theaterspektakel« Ende August. Es ist nach seiner Gründung 1980 rasch zu einem der weltweit größten Festivals für zeitgenössisches Theater geworden und überrascht jedes Jahr mit herausragenden Inszenierungen. Informationen im Internet unter **www.theaterspektakel.ch**.

183

Geben Sie den einheimischen Kabarettisten und Unterhaltungskünstlern eine Chance. Besuchen Sie eine Vorstellung der behäbig-skurrilen Clownin Gardi Hutter oder des altertümelnd-verklemmten »Duo Fischbach«. Finden Sie heraus, ob Sie die singende Hysterikerinnengruppe »Ackapickels« oder das inzwischen auch in Deutschland berühmte Wortclownpaar »Ursus & Nadeschkin« amüsieren. Sehen Sie, was der schweizerisch-italienische Komiker Massimo Rocchi über seine Erlebnisse in der Schweiz zu berichten weiß. Oder hören Sie die beeindruckende Stimme der Tessiner Sängerin »La Lupa«. Immer in der Karwoche singt sie montags bis mittwochs um 19 Uhr Klagegesänge vom Karlsturm des Grossmünsters herunter.

184

Theaterkarten oder Konzerttickets heißen in der Schweiz »Billette«. Am besten bestellt man sie direkt bei den Theatern und Veranstaltern. Es gibt aber in einigen Kaufhäusern auch Vorverkaufsstellen, zum Beispiel im Manor an der Bahnhofstrasse 75. Zentrale Billetvorverkaufsstellen im Internet heißen zum Beispiel **www.ticketcorner.com** oder **www.starticket.ch**.

Klassik aktiv und passiv

185

Die Tonhalle in Zürich gilt als einer der besten Konzertsäle der Welt. Der Bau stammt aus der Belle Epoque und wird vorwiegend vom renommierten Tonhallen-Orchester bespielt. In seiner über 100-jährigen Geschichte haben die berühmtesten Dirigenten hier gearbeitet. Schwerpunkte des Orchesters liegen bei Beethoven, Richard Strauss und Schumann. Die Tonhalle ist auch Spielort für internationale Gastorchester. Claridenstrasse 7. Das aktuelle Programm kann man im Internet unter **www.tonhalle-orchester.ch** einsehen.

186

Ebenso renommiert und geschichtsträchtig ist das Opernhaus Zürich. Der Dirigent Wilhelm Furtwängler begann hier seine Karriere, »Lulu« von Alban Berg wurde hier uraufgeführt. Heute wird einerseits ein großes, klassisches Opernrepertoire von Mozart bis Verdi gepflegt. Andererseits liegt ein Hauptgewicht auf der Moderne. Außerdem ist im Opernhaus Zürich Ballett zu sehen. Falkenstrasse 1. Der Spielplan liegt in Form des »Opernhaus-Magazins« an den Kassen aus. Oder man ruft ihn im Internet unter **www.opernhaus.ch** ab.

187

An der Eidgenössischen Technischen Hochschule werden im Rahmen der Reihe »Musik an der ETH« einmal im Monat dienstags Kammerkonzerte oder Klavierabende veranstaltet. In aller Regel stellen sich dabei junge Musikerinnen und Musiker vor. Entsprechend moderat sind die Preise – was keinerlei Auswirkung auf die Qualität der Programme hat. Die Konzerte finden in der wunderschönen »Semper-Aula« statt. Diese wurde, wie das ganze Gebäude, von Gottfried Semper entworfen, dem auch die gleichnamige Oper in Dresden zu verdanken ist. Als einziger Raum im Hauptgebäude der ETH Zürich wurde die Semper-Aula gemäß den Plänen des Architekten vollständig ausgemalt. Innerhalb der ETH trägt der Raum auch den prosaischen Namen »Aula G-60«. Informationen zum Programm bekommt man im Musikhaus Jecklin an der Rämistrasse 30 oder dort telefonisch unter der Nummer 044/2537676. Im Internet unter **www.musicaldiscovery.ch**.

188

Ein umfassendes Verzeichnis klassischer Konzerte in Zürich erscheint, wenn Sie die Website **www.classicpoint.ch** aufrufen und dort im Suchfenster »Zürich« eingeben.

189

Auch in zahlreichen Kirchen der Stadt finden regelmäßig klassische und Chorkonzerte statt. Zum Beispiel in der Kirche zu St. Peter und Paul an der Werdstrasse 63 im Kreis 4. Das Programm gibt es im Internet unter **www.kirchenkonzerte.ch**.

190

Auf der Internetseite **www.konzertkalender.ch** können Sie das Menü »Klassische Konzerte« wählen. Wenn Sie in der nun erscheinenden Suchmaske unter Ortschaft »Zürich« und unter Konzertsaal »Kirche« eingeben, erhalten Sie eine Auflistung diverser Kirchenkonzerte in Stadt und Umgebung.
Auf derselben Internetseite können Sie auch einen Kalender mit aktuellen Jazzkonzerten in Zürich abrufen. Dafür einfach das Menu »Jazz- und Blueskonzerte« anklicken.

191

Falls Sie in Zürich selbst in einem Chor mitsingen möchten, haben Sie verschiedene Möglichkeiten. Es gibt zahlreiche Männer-, Frauen- und gemischte Chöre, die Mitglieder aufnehmen. Das Spektrum reicht vom wuchtigen Männerchor mit breitem Repertoire (**www.maennerchor.ch**) und verschiedenen Frauenchören in den Stadtkreisen über Gospel – etwa die christlichen »The Holy Spirit Gospel Singers« (**www.gospelsingers.ch**) oder die breitgefächerten »Joy Singers« (**www.joy-singers.ch**) – bis zu jungen Chören wie »PhoniXang« (**www.phonixang.ch**) und »Schmaz«,

dem schwulen Männerchor Zürich (**www.schmaz.ch**). Einer der anspruchsvollsten Chöre ist der Zürcher Bach-Chor. Auch er nimmt Mitglieder auf, diese müssen aber eine Probezeit bestehen und sehr hohen Ansprüchen genügen. Dafür kommen sie aber in den Genuss quasi-professioneller Chorarbeit inklusive regelmäßiger Stimmbildung (**www.zbc.ch**).
Ein Verzeichnis der meisten Zürcher Chöre finden Sie auf der Website des Zürcher Chorverbandes **www.zkgv.ch/bezirke/zuerich.html**.

192
Auf Noten aller Art spezialisiert ist die kleine Notenhandlung »Notenpunkt« an der Froschaugasse 4 im Niederdorf. Im Internet unter **www.noten.ch**.
Größer und alteingesessen ist der Musikalienhändler »Musik Hug«, der Filialen in mehreren Schweizer Städten hat. Das Stammhaus mit der größten Auswahl an Noten, Instrumenten und CDs befindet sich in Zürich am Limmatquai 28–30. Im Internet unter **www.musikhug.ch**.
Ein umfangreiches und gepflegtes Sortiment an Noten sowie Instrumente führt auch das Musikhaus Jecklin. Adresse siehe Punkt 187, im Internet unter **www.jecklin.ch**.

Sport für Zuschauer

193

In Zürich gibt es zwei Fußballmannschaften, deren Fans sich in jungen Jahren gern heftig bekämpfen: »GC« (Grashoppers Zürich) und der »FCZ« (Fussballclub Zürich). Beide Mannschaften spielen in der »Super League«, der Schweizer Bundesliga. GC war bis 2007 im Hardturmstadion zu Hause, der FCZ im Stadion »Letzigrund«. Als vor der EM 2008 beide Stadien umgebaut werden sollten, gab es Streit. Ein Neubau ist deswegen bisher nur im Letzigrund errichtet worden. Informationen und Spieltermine unter **www.axposuperleague.ch**.

194

Nicht nur Fußball, auch Eishockey kann man in Zürich in höchster Güte sehen. Die Heimmannschaft heißt »ZSC Lions« und ist im legendären Hallenstadion in Oerlikon zu Hause. Informationen und Termine im Internet unter **www.zsc-lions.ch**.

195

Die Handballabteilung des Grashoppers Club Zürich erkämpft immer wieder Meistertitel. Informationen und Termine im Internet unter **www.gc-handball.ch**.

196

Zürich hat auch ein American Football-Team: die »Zürich Renegades«. Informationen und Spieltermine im Internet unter **www.renegades.ch**.

197

Und auch Basektballfans finden in der Stadt mit den »Zürich Wildcats« einen Verein, der regelmäßig in der Sporthalle »Im Birch« in Oerlikon antritt. Informationen und Termine im Internet unter **www.zurich-wildcats.ch**.

198

Eine Profibox-Szene hat sich in der Schweiz in den letzten Jahrzehnten kaum entwickelt. Wer sich für Amateurkämpfe interessiert, kann bei Turnieren und Wettkämpfen des Boxclubs Zürich aber spannende Duelle erleben. Manchmal sind diese mit anschließenden Tanzveranstaltungen kombiniert. Informationen gibt es im Internet unter **www.boxclubzuerich.ch**.

Clubbing und Tanzen

199

Zürich ist in der ganzen Schweiz für seine Clubszene und auch für seine großen, kommerziellen Partys berühmt. Jedes Jahr im Sommer findet zudem die »Street Parade« statt, die mittlerweile zu den besten Freiluftpartys dieser Art in Europa gezählt wird. Im Mainstream sind eher gelgestylte Jungmänner aus der Agglomeration und geschmackvoll geschminkte, mit teuren Täschchen bewaffnete Mittelschülerinnen unterwegs. Aber die Stadt hat auch eine solide In-Szene, die ihr Stilbewusstsein durch lässiges Unterspielen von Äußerlichkeiten und eine gut eingeübte Unbeeindruckbarkeit signalisiert. Diese Szene reicht im Altersspektrum von Mittzwanzigern bis zu gut erhaltenen Mittvierzigern.

200

Das »Helsinki« in Zürich-West ist ein charmanter, auf souveräne Weise ungestylter Club in einer alten Garage unter der Hardbrücke. Besucht wird er vorwiegend von einem entspannten, großstädtisch orientierten Publikum. Zwischen szenebekannten Bands

spielen hier immer wieder unbekannte Rockbands und Jazzformationen und werden vom Publikum mit freundlichem Interesse aufgenommen. Wenn Haus-DJ Crown Propeller danach originalen Jive, Jazz und Vintage R’n’B auflegt, kocht der Laden.
Außerdem verfügt das Helsinki über die einzig kuratierte Jukebox Europas. Monatlich bestückt ein anderer, oft internationaler Künstler die Musikkiste. Mitgemacht haben schon Lou Reed, Matthew Barney und Sonic Youth. Geroldstrasse 35, im Internet unter **www.helsinkiklub.ch**.

201

Im Club »Kaufleuten« am Pelikanplatz (Kreis 1) findet jeden Montag und alle zwei Wochen am Samstag meist ab 21 Uhr die »Mezzanotte«-Party statt. Hier können Sie wild tanzen, wenn Sie über 30 sind und sich trotzdem nicht mit Oldie-Discos zufriedengeben wollen. Gespielt wird vorwiegend House, Disco, Funk, Latin und Black Music. Informationen im Internet unter **www.mezzanotte.ch**.

202

Wenn Sie Drinks teuer, Männerbäuche straff und Frauen kühl mögen, sind Sie im Kaufleuten auch sonst richtig. Der Club, zu dem auch ein Restaurant, eine Bar und diverse Säle gehören, gilt den Mondänen als unvermeidlichstes Ausgehziel der Stadt. Früher hatte er deshalb den Ruf einer ziemlich gewollten Arroganz. Das hat sich zuletzt geändert. Heute regiert in den wirklich schönen Räumen ein etwas entspannteres

Stilbewusstsein. Probieren Sie einfach aus, ob es Ihnen dort gefällt. Pelikanplatz im Kreis 1. Telefon 044/ 2 25 33 00, im Internet unter **www.kaufleuten.ch**.

203

An jedem Tag der Woche können Sie in Zürich in unterschiedlichen Clubs Salsa tanzen. Ein aktuelles Verzeichnis der Orte und Zeiten – die immer wieder wechseln – gibt es im Internet unter **www.salsapassion.net** ▸ Clubs.

Wenn Sie Salsa lernen möchten oder ihre Liebe dazu erst vor kurzem entdeckt haben, könnte das »Salsarica« etwas für Sie sein. In dem stylischen Loft-Ambiente des Clubs werden Sie sich auch als Anfänger wohl fühlen. In der dazugehörigen Tanzschule wird Salsa auf allen Niveaus und in allen Stilen gelehrt. Hardstrasse 219 L (auf dem Maag-Areal, Kreis 5) Informationen im Internet unter **www.salsarica.ch**.

Legendär und neu renoviert ist der Latin-Club »Cubanito« am Bleicherweg 5 (Kreis 1). Telefon 043/ 4 97 32 76. Informationen im Internet unter **www.cubanito.ch**.

204

Auch Tango kann man in Zürich an jedem Tag der Woche tanzen. Ein Verzeichnis der aktuellen Veranstaltungen an verschiedenen Orten gibt es auf der Homepage der Tangoschule »A Media Luz« **www.a-media-luz.ch** ▸ Tanzgelegenheiten.

Regelmäßig jeden Dienstag findet im Quartierzentrum Aussersihl eine stimmungsvolle Milonga statt, die

auch für Anfänger geeignet ist. Bevor es richtig losgeht, gibt es nämlich jeweils einen kleinen Tanzkurs. Hohlstrasse 67 in der Bäckeranlage.
Telefonische Informationen unter der – mobilen – Telefonnummer 079/5 83 83 68.

205

Außerdem finden in Zürich regelmäßig und mindestens wöchentlich Partys statt, auf denen Leute zwischen 20 und 60 Swing, Lindy Hopp und Ähnliches tanzen. Zum Beispiel im Club »Silbando« an der Förrlibuckstrasse 62 im Gebäude der swisscom (Kreis 5). Informationen und Daten im Internet unter **www.silbando.ch**.
Seit einiger Zeit sehr angesagt sind die »Tanzereien« des Tanz- und Körperschulungsprojekts »Sinnlostanzen« und die »Martini Dances« vom »Club Martini«. Bei beiden Veranstaltungen steht die Freude am Paartanz im Vordergrund und am Beginn des Abends gibt es einen kurzen Tanzkurs zur Einführung. Getanzt wird zu Swing und anderer gepflegter Paartanzmusik früherer Epochen. Anfängerinnen, die allein kommen, fühlen sich ebenso wenig fehl am Platz wie Tanzhasen, deren Löffel schon leicht angegraut sind. Bei der »Tanzerei« sind Atmosphäre und Kleidungsstil eher alternativ. Sie findet einmal monatlich am Samstag im Saal des Restaurants »Zeughaushof« an der Kanonengasse 20 im Kreis 4 statt. Informationen und Termine im Internet unter **www.dylogtanzen.ch**.
Beim »Martini Dance« darf sich, wer Lust hat, auch in den Zoot Suit oder die Seidenrobe werfen. Und damit

einmal monatlich in »Maier's Tanzsaal« an der Albisriederstraße 16 auflaufen. Termine und weitere Informationen im Internet unter **www.clubmartini.ch**.

206

Frauen, die Paartänze mögen und in Zürich noch keinen Tanzpartner haben, können es auch mit dem »Dance Again«-Tanzvergnügen in der Dance-Academy in Zürich-Oerlikon versuchen. Immer am Dienstag ab 20.30 Uhr legt dort ein DJ Swing, Jive, Salsa, Walzer, Boogie Woogie und andere Stile auf. Klassische Eintänzer stehen bereit. Die »Dance Academy« wird von der Migros-Klubschule betrieben. Dort kann man auch Tanzkurse für jeden Stil von Country Line Dance bis Flamenco, von MTV-Dance bis Orientalisch besuchen. Binzmühlestrasse 81. Informationen gibt es im Internet unter **www.klubschule.ch** ▸ Wellness & Sport ▸ Zürich-Dance-Academy.

207

Falls Sie das Clubben ernsthaft und seit längerem betreiben und zudem elektronische Musik mögen, gefällt es Ihnen vielleicht im »Zukunft«. Der angesagte Club befindet sich an der Dienerstrasse 33 im Kreis 4. Programm im Internet unter **www.zukunft.cl**. »cl« nicht »ch«.

208

Als eine Art Bermudadreieck des studentischen bis erwachsenen Ausgehvolks gilt die Gegend um die Langstrasse im Kreis 4. Beliebt ist das ehemalige Animierlokal »Longstreet«, das immer noch ziemlich schummrig ist. Langstrasse 92, **www.longstreetbar.ch**.

209

Wenn Sie in Zürich einen Partner finden wollen, sollten Sie das nicht im Nachtleben versuchen. Das Flirtverhalten der Schweizerinnen und Schweizer wird sich weit unter Ihrer Wahrnehmungsgrenze abspielen.

210

Versuchen Sie es ruhig trotzdem.

211

Sollten Sie Wert darauf legen, als Individuum wahrgenommen zu werden, ist es aber sinnvoll, als Deutscher oder Deutsche nicht in einer Gruppe mit Landsleuten auszugehen. Nichts nervt die Zürcher im Moment so sehr, wie Deutsche, die in Pulks im Nachtleben auftauchen. Egal, wie hübsch die einzelnen Mitglieder sind. Als Mitglied einer lauten, deutschen Gruppe kommen Sie als Flirtpartner für die meisten Einheimischen nicht in Frage.

212

Vielleicht sollten Sie einfach jemanden beim Afterwork-Eislaufen abschleppen. Auf der Eisbahn »Heuried« ist in der Wintersaison jeden Mittwoch von 18 bis 22 Uhr »Afterwork on Ice« angesagt, und an der kühlen Bar wird geflirtet, bis das Eis bricht. Wasserschöpfi 71.

Kontaktbörsen und Singletreffs

213

Singles lernen sich auch in Zürich zunehmend virtuell kennen. Eines der größten Schweizer Portale heißt **www.partnerwinner.ch**. Es wird vom Medienkonzern TA-Media betrieben, der auch den renommierten Tages-Anzeiger herausgibt.

214

PartnerWinner.ch initiiert regelmäßig auch Veranstaltungen und Partys, bei denen sich die Mitglieder im echten Leben kennenlernen können. Zum Beispiel bei einem großen Brunch, wo immer drei Frauen und drei Männer an einem Tisch gemütlich frühstücken, und nach einer Weile wird die Zusammensetzung der Tische geändert: eine Art ausgeweitetes Anti-Speed-Dating.

215

Einen realen Ort, um Singles zu treffen, bietet die »Flirty Dancing«-Reihe in der »Labor-Bar«. In stilvoller Industrieatmosphäre wird an jedem ersten Samstag im Monat Ausschau gehalten und geflirtet, aber nicht allzu herzlos gegraben. Betreiber der »Labor-Bar« ist der beliebte Schweizer Talkmaster Kurt Aeschbacher. Hier wird auch seine Talkshow »aeschbacher« aufgezeichnet. Allerdings nicht während der Single-Partys. Immer freitags ist »Celebreigthies«-Party für Leute ab 28 Jahren. Schiffbaustrasse 3. Tel 044/ 2 72 44 02. Im Internet unter **www.laborbar.ch**.

216

Wenn Sie zu den rundlichen Menschen gehören oder eine besondere Vorliebe für diese haben, wäre vielleicht der »XL-Freizeitclub« etwas für Sie. Dieser hat kein kommerzielles Interesse, sondern veranstaltet größere oder kleinere Anlässe für seine Mitglieder in der ganzen Schweiz, also auch in Zürich. Dabei geht es eher gemütlich und herzlich als stylisch und städtisch zu. Im Internet unter **www.xl-freizeitclub.ch**.

217

Sollte Ihnen das Konzept des »Speed Dating« geheuer sein, könnten Sie auch bei **www.speedflirting.ch** Erfolg haben. Unterschiedliche Veranstaltungen in Restaurants oder an anderen Orten führen Singles so zusammen, dass sie jeweils sieben Minuten Zeit haben, mit einer Person des anderen Geschlechts kurz zu plaudern, bevor sie dem nächsten potentiellen Partner zugeführt werden. Dabei achten die Veranstalter auf eine möglichst passende Zusammensetzung in punkto Alter und Interessen. Am Ende jeder Begegnung notieren die Teilnehmer, ob sie den Wunsch nach einem Wiedersehen haben. Am nächsten Tag kann im Internet in einem gesicherten Bereich nachgesehen werden, ob man auf jemanden Eindruck gemacht hat.

218

Als schwuler Mann hat man bei **www.gayromeo.ch** im Internet die größte Chance auf mehr oder weniger substantielle Bekanntschaften.

219

Betreiben Sie die Partnersuche in Zürich nicht verbissen. Das Sozialverhalten der Schweizer ist nuancenreicher und zurückhaltender als in Deutschland. Auch dann, wenn der Zweck einer Bekanntschaft offensichtlich ist. Der in Deutschland übliche Kommunikationsstil wird in der Schweiz oft missverstanden. Hier ist es nicht üblich, dass man auf Anhieb zeigt, wer man ist und was man will. Ohnehin zeigen die Schweizer ihr Interesse an einem anderen Menschen niemals frontal und direkt, nicht einmal dann, wenn sie nur einen One-Night-Stand im Sinn haben.

220

Lassen Sie sich auf diese Eigenheiten ein, wenn Sie Schweizerinnen oder Schweizer näher kennenlernen wollen.

221

Am Anfang werden Sie im Nebel stochern und keine Ahnung haben, was der andere nun will und ob er überhaupt etwas will. Leben Sie damit. Versuchen Sie es einfach auch an anderen Orten. Setzen Sie sich so viel wie möglich der Stadt aus und geben Sie der Umgebung die Möglichkeit, Sie kennenzulernen.

222

Wahrscheinlich finden Sie Ihren Schatz kurz vor Ladenschluss im Coop, wenn Sie gerade Zahnschmerzen haben, oder im Büro am Kopierer, wenn Sie nun eigentlich wirklich etwas anderes zu tun hätten. So ist das ja eigentlich immer. Auch in Zürich.

Special Interest

223

Wenn Sie männlich und homosexuell sind, werden Sie im Sommer auf dem »Inseli« – der Werdinsel – vermutlich Anschluss finden. Das Inseli liegt zwischen Limmat und Kanal in lauschigster Lage und wird über ein Wehr betreten. Die Werdinsel beherbergt eine öffentliche »Seebadi« – eine Badeanstalt – und eine Fußballwiese. Der Schwulenstrand, teilweise FKK, befindet sich am unteren Spitz flussabwärts.

224

Die bekannteste Schwulensauna der Stadt ist das »Paragonya« an der Mühlegasse 11 im Niederdorf. Täglich von 11.30 bis 23 Uhr geöffnet, im Internet unter **www.paragonya.ch**.

Bei der einheimischen Szene besonders beliebt ist das »Moustache« an der Badenerstrasse 156 B (Eingang in der Engelstrasse 4). Geöffnet täglich von 12 bis 23 Uhr, im Internet unter **www.moustache.ch**.

225

Zürich hat auch eine bunte und vielfältige Lesbenszene.
Regelmäßig findet in der Labor-Bar »Lady Bumb« statt, die Party der »Rainbow-Chixx«. Dorthin gehen vorwiegend – aber nicht nur – jüngere, stylische, lesbische Frauen und diese Tanzvergnügen sind seit Jahren fester Bestandteil der Szene in Zürich. (Adresse siehe Punkt 215). Daten und Informationen im Internet unter **www.rainbow-chixx.ch**.
Etwas ältere Lesben und ihre Freundinnen und Freunde bevorzugen sonntags das »Le Bal« im Kongresshaus. Beethovenstrasse 8. Programm unter **www.lebal-ladies.ch**.

226

Falls Sie lesbisch sind und Frauen auf Motorrädern und/oder Musik mögen, sollten Sie mit den »Dykes on Bikes« Kontakt aufnehmen. Organisatorin Betty betrieb früher einmal den legendären Frauenmusikladen »Labyris«. Gegenwärtig ist dessen Sortiment nur übers Internet zu bestellen. Aber immer mal wieder veranstaltet Betty Ausfahrten mit interessierten Frauen. Informationen im Internet unter **www.labyris.ch**.
Wenn Sie als lesbische Frau Wert darauf legen, gelegentlich unter Ihresgleichen zu bleiben, ist der »Pudding Palace« vielleicht der richtige Ort dafür. In diesem Restaurant und Begegnungszentrum treffen sich ausschließlich Frauen und lassen sich von der Wirtin liebevoll bekochen. Geöffnet Dienstag bis Freitag 17

bis 23 Uhr. Jeden ersten Freitag im Monat hüllt der »Club der Pfeifenraucherinnen« den Laden in blauen Nebel. Mattengasse 27 (Kreis 5). Im Internet unter **http://pudding-palace.fembit.ch/index.html.**

227

Sollten sich Ihre – gegengeschlechtlichen – amourösen Interessen auf Menschen aus dem asiatischen Raum richten, werden Sie vielleicht im »Thai Thai Club« glücklich. Hier treten regelmäßig asiatische Stars auf und ziehen das entsprechende Publikum an. Außerdem wird ausschließlich asiatische Pop- und Housemusik gespielt. Am Freitag und Samstag ist Live-Karaoke. Limmatstrasse 195, Telefon 043/9 60 32 17. Im Internet unter **www.thaithaiclub.ch**.

228

Falls Ihre Libido erst auf Touren kommt, wenn Sie mit dem Kopf nach unten an ein Eisenkreuz gekettet und von spitzen Stiefeln durchbohrt werden, können Sie unter **www.fetischparty.ch** Orte herausfinden, wo Sie in Zürich und Umgebung »Gspänli« – Spielgefährten – finden.
Ein offener Kreis von SM-Interessierten trifft sich regelmäßig und ohne kommerzielle Interessen in einem Zürcher Restaurant. Und zwar zum – ganz gesitteten – fröhlichen Zusammensein.
Informationen unter **www.bdsm-kreis-zh.ch**.

229
Und auch als transidenter Mensch müssen Sie in Zürich nicht allein bleiben. Ungezwungen und für Neuzugänge offen trifft sich regelmäßig in einem öffentlichen Lokal das »Transensyndikat«. Informationen unter **www.transensyndikat.net**.

Ausruhen

Dieses Kapitel gibt Anregungen, wie Sie in der anstrengenden Phase nach dem Umzug zur Ruhe kommen können. Es gibt Hinweise auf besonders schöne, wenig bekannte Orte und Ausflüge, um sich an freien Tagen selbst etwas Gutes zu tun und die Stadt weiter zu entdecken. Und es werden einige Möglichkeiten vorgestellt, wie man das auch tun kann, wenn man noch keine Bekanntschaften geschlossen hat und gezwungenermaßen oder freiwillig allein unterwegs ist.

Die Stadt allein genießen

230
Wenn Ihnen alles zu viel wird, könnten Sie sich einmal eine Schifffahrt erster Klasse über den Zürichsee gönnen. Besonders schön ist die vierstündige »Grosse Zürichseefahrt«, die den ganzen See umrundet. Start ist immer um 13.30 Uhr am Anleger beim Bürkliplatz. Im Sommer bekommt man Tickets am Verkaufsschalter, im Winter direkt auf dem Schiff.

231
Es müssen aber die Erste Klasse und das obere Deck sein. Denn hier ist mit großen Touristengruppen nicht zu rechnen. Man trifft höchstens hin und wieder eine melancholische Pelzmanteldame von der Goldküste, die hier ein paar Stunden ihren Gedanken nachhängt und sich das eine oder andere »Cüpli« gönnt – ein Glas Champagner. Tun Sie es ihr gleich, danach werden Sie der Stadt mit frischer Freude begegnen.

232
Wenn Sie gern auf dem Wasser und gleichzeitig unter Leuten sind, können Sie an Bord des »Lunch-Schiffs«

gehen. Es fährt von Frühling bis Herbst und legt immer um 12.10 Uhr für eine gute Stunde am Bürkliplatz ab. Informationen im Internet unter **www.zsg.ch**.

233

Oder fahren Sie mit dem »Polybähnli« zur ETH und genießen Sie die Aussicht über die Stadt. Von der Terrasse sehen die Alpen aus wie gemalt.

234

Das Polybähnli ist eine Standseilbahn und heißt so, weil sie zum ehemaligen »Polytechnikum«, der heutigen ETH (Eidgenössische Technische Hochschule) fährt. Die Talstation befindet sich an der Tramstation »Bellevue« direkt am Eingang zum Niederdorf und ist angeschrieben. Die Fahrt dauert nur drei Minuten. Das Polybähnli fährt unter der Woche bis 19.30 und am Samstag bis 14 Uhr.

235

Noch höher fährt die Seilbahn Rigiblick. Sie beginnt an der gleichnamigen Tramstation und ist mit den Trams 9, 10 oder dem Bus 33 zu erreichen. Auch diese Fahrt dauert nur wenige Minuten. Oben wartet das feine Restaurant »Rigiblick« mit elegantem Bistro (siehe Punkt 353). Im benachbarten Theater finden regelmäßig Theateraufführungen, Konzerte und Lesungen statt. Das Programm finden Sie unter **www.theater-rigiblick.ch**.

236

Oder ziehen Sie Ihre besten Kleider an und kehren in der legendären Confisserie »Sprüngli« am Paradeplatz ein. Der Laden wurde vor kurzem neu renoviert, hat aber seinen zeitlosen Charme bewahrt. Sie werden das Lokal um viele Franken ärmer verlassen. Aber dafür haben Sie ein paar Stunden an einem Schweizer Mythos teilgehabt. Im Sprüngli lebt nämlich noch die alte Zeit, in der einen der Schweizer Franken vor allem Ungemach beschützen konnte. Vor den Fenstern sieht man die Bankzentralen am Paradeplatz. Im Innern sitzt man neben reichen Damen jeden Alters, die seit Generationen hierherkommen um den Lauf der Zeit anzuhalten.

237

Ein urbaner Mythos ist die Geschichte vom Kaffeelöffeli-Code im Sprüngli: Mittels einer bestimmten Position, in der das Kaffeelöffelchen positioniert wird, sollen reife Damen angeblich ihr Interesse an intimem Kontakt mit den jugendlichen Gigolos signalisieren, die hier der Sage nach auf Beute warten. Hin und wieder schickt eine Redaktion ein paar lauernde Journalisten hin, um das Gerücht zu überprüfen. Und in Studentenkreisen kennt immer jemand einen, der damit schon ein paar hundert Franken verdient hat. Ob wirklich etwas dran ist? Beobachten Sie selbst. Bahnhofstrasse 21 am Paradeplatz. Geöffnet Montag bis Freitag 7.30 bis 18.30 Uhr, Samstag 8 bis 16 Uhr.

238

Filialen von Sprüngli gibt es unter anderem im Shopville unter dem Hauptbahnhof und am Flughafen, dort allerdings nur mit Confiserieangebot und ohne Café. Das volle Sprüngli-Gefühl stellt sich aber nur im Haupthaus am Paradeplatz ein.

239

Sobald man in Zürich irgendwohin nach Hause eingeladen ist und »Luxemburgerli« von Sprüngli mitbringt, ist man auf der sicheren Seite. Aber bitte nicht die kleinste Packung.

240

Besuchen Sie auch einmal eine Nachmittagsvorstellung in einem der alten, wunderschönen Kinos. Besonders charmant ist das »Arthouse Alba«, das noch immer den ursprünglichen Charme aus den 1950er Jahren hat. Es liegt etwas versteckt hinter dem »Central«-Platz in der Zähringerstrasse 44. Die Nachmittagsvorstellung beginnt um 15 Uhr, Kassenöffnung ist eine halbe Stunde vorher. Telefonisch reservieren können Sie unter 044/2 50 55 40. Aber das wird am Nachmittag nicht nötig sein. Wenn Sie Glück haben, verbringen Sie ein paar kontemplative Stunden in dem altmodischen Kinosaal fast allein. Kinoprogramm unter **www.arthouse.ch** ▸ Arthouse Kinos ▸ Alba.

241

Im Sommer können Sie in den unzähligen Badeanstalten am See und an der Limmat wunderschöne Stunden verbringen. Die Zürcher lieben ihre »Badis«, und jeder Einheimische hat seinen eigenen Geheimtipp. Viele Anlagen sind mit Bars ausgestattet, so dass der Badespaß nach Anbruch der Dunkelheit nahtlos in entspanntes Nachtleben übergehen kann.

Auf die ganz speziell zürcherische Art großstädtisch ist die Badi am Oberen Letten. Die Anlage am Uferweg hat den Charakter einer gepflegten Freiluft-Lounge und wird von angenehm aussehenden und gelassen fröhlichen Menschen jeden Alters bevölkert. Vielleicht kommt die gute Laune von dem grandiosen und für Zürcher Verhältnisse äußerst preiswerten Imbissangebot am Tresen. Unbedingt die selbstgemachte Wasabi-Mayonnaise probieren.

Sehr beliebt bei Frauen ist die »Frauenbadi« am Stadthausquai. Das nostalgische Ambiente wirkt manchmal fast wie eine Filmkulisse und ermöglicht Momente von beinahe surrealer Schönheit.

Ein Verzeichnis aller Badeanstalten in Zürich finden Sie im Internet unter **www.badi-info.ch/zueri-badis.html**. Aber viel besser ist es, wenn Sie Ihre Arbeitskollegen nach deren Tipps fragen.

Schönheit, Wellness, Spa und Sauna

242

Der erste »Hamam« der Stadt – ein türkisch-arabisches Dampfbad – wurde vor kurzem mitten in der Altstadt eröffnet: im »Fitnesspark Münstergasse«. Für Frauen, die unter sich bleiben möchten, ist in dem 350 Quadratmeter großen Hamambereich eine eigene Zone abgetrennt. Zum Fitnesspark gehören auch zahlreiche andere Wellness- und Fitnessangebote sowie ein Day-Spa. Niederdorfgasse, Eingang an der Blaufahnenstrasse 3, geöffnet Montag bis Freitag 8 bis 22 Uhr, Samstag und Sonntag 9 bis 20 Uhr. Mehr Informationen unter **www.fitnesspark.ch**, Suchstichwort »Hamam«.

243

Die Sauna im Volkshaus am Helvetiaplatz bietet ein original finnisches Dampfvergnügen. Außerdem gibt es eine türkische und eine Niedertemperatursauna, Privatsaunas, Massagen und ein Solarium. Außer am Samstag von 9.30 bis 12 Uhr sind hier Männer- und Frauenbereiche getrennt. Stauffacherstrasse 60 im Volkshaus, Telefon 044/2 41 04 27. Geöffnet Montag,

Dienstag und Donnerstag 12 bis 22 Uhr, Mittwoch 9.30 bis 22 Uhr, Freitag 12 bis 22 Uhr, Samstag 9.30 bis 16.30 Uhr. Im Internet unter **www.volkshaus.ch**
▶ Sauna

244

Für viele jüngere Zürcher gilt die minimalistisch gestaltete »Sauna am See« im Seebad Enge als Geheimtipp. Beim Schwitzen hat man eine direkte Aussicht auf das Seebecken, was besonders in der blauen Stunde wunderschön ist. Abgekühlt wird sich direkt im See. Die Sauna ist gemischt, hat aber ein separates Frauenabteil. Die angebotenen Behandlungen von Massage und Shiatsu werden sogar von der Krankenkasse bezahlt. Mythenquai 9. Wechselnde Öffnungszeiten, meist 11 bis 23 Uhr. Am Montag nur für Frauen. Telefon 044/2 01 38 89.
Im Internet unter **www.seebadenge.ch**.

245

Die »Sauna am Zürichberg« wird eher von einem reiferen Publikum frequentiert. Sie liegt mitten im Grünen, wovon man allerdings während des Schwitzens nicht viel sieht. Dennoch ist der größte Pluspunkt der Garten, in dem man sich zwischen den Gängen abkühlen kann. Besonders eindrücklich, wenn es geschneit hat. Tobelhofstrasse 21, Öffnungszeiten für gemischte Sauna: Montag 12 bis 22 Uhr, Dienstag 17 bis 22 Uhr, Mittwoch bis Samstag 10 bis 22 Uhr, Sonntag 10 bis 21 Uhr. Am Dienstag von 10 bis 17 Uhr nur für Frauen.
Im Internet unter **www.vgz-zuriberg.ch**.

246

Erst vor kurzem eröffnet hat der luxuriöse »Asia Spa« auf dem Dach der Shoppingwelt »Sihlcity«. Hier gibt es asiatisch inspiriertes Design, verschiedene Saunen und Wellness-Angebote sowie einen Fitness-Bereich. Und als Highlight den »Meditations-Pool« mit spektakulären Licht- und Unterwasser-Toneffekten.
Geöffnet täglich von 9 bis 24 Uhr, Telefonnummer 044/4 54 20 40. Adresse siehe Punkt 340. Im Internet unter **www.asia-spa.com**.

247

Zum Friseur sagt man in der Schweiz »Coiffeur«, ausgesprochen: Kuafför.

248

Wenn Ihnen bei der Arbeit jemand auffällt, der oder die eine besonders schöne Frisur hat, können Sie einen guten Moment abwarten und dann beiläufig fragen: »Du, ich bin doch neu in Zürich. Könntest du mir eventuell einen guten Coiffeur empfehlen?« Funktioniert aber nur, wenn Sie eine Person gleichen Geschlechts fragen. Seien Sie mit direkten Fragen (»Wo lässt du deine Haare schneiden?«) vorsichtig. Schweizer könnten das als indiskret empfinden. Und es ist ihnen vielleicht peinlich, falls sie ihre Haare in einem günstigen No-Name-Salon machen lassen.

249

Szenig ist der Friseur »Time Tunnel«. Er befindet sich in einem lauschigen Hinterhof und ist integriert in eine

gleichnamige Boutique, die Vintagemöbel, -kleidung und -accessoires aus den 1960er bis 1980er Jahren verkauft. Stüssihofstatt 7 im Niederdorf.
Telefon 044/2 61 22 88. Im Internet unter **www.time tunnel.ch**.

250

Der Salon »Kandis« gilt vielen als hippster Friseur der Stadt. Ein guter Haarschnitt in kühlem aber freundlichem Ambiente ist hier auf jeden Fall zu bekommen. Birmensdorferstrasse 32 im Kreis 4. Telefon 043/ 3 22 00 88 oder im Internet unter **www.kandis.ch**.

251

Seit kurzem hat auch die Edelfriseurkette »Tony & Guy« aus London in Zürich ein Geschäft. Leonhardstrasse 4, Telefon 044/2 51 79 70.

252

Das ziemlich genau gegenteilige Ambiente bietet der auf den ersten Blick namenlose, angenehm verschrobene Herrencoiffeur an der Ecke Niederdorfstrasse/ Rindermarkt. In einem über und über mit alten Fotos, Filmplakaten und Kuriositäten gepflasterten Geschäft schneidet der eigenwillige Besitzer unerschrockenen Herren die Haare. Und ganz namenlos ist er natürlich nicht. Er heißt Fränkie B. alias Franz Bänninger, und seine Kunden schwören seit fast 40 Jahren auf ihn.

253

Eine fast filmreife Oase ist die »Schminkbar«. Hier kann man etwas trinken und zwischen dunklen Hölzern und warmem Design entspannt warten, dass sich das Leben für einen Moment wie in »Sex and the City« anfühlt. Um den Effekt zu beschleunigen hilft es aber, sich von den Stylistinnen und Kosmetikerinnen eine umfangreiche Schönheitsbehandlung angedeihen zu lassen. Das ist für Männer und Frauen möglich und besonders empfehlenswert nach einem miesen Tag oder vor einem großen Auftritt. In der Innenstadt an der Beatengasse 9, Telefon 043/3 33 08 08 und an der Bahnhofstrasse 94 (5. Etage), Telefon 044/2 22 11 22. Geöffnet Montag 11 bis 20 Uhr, Dienstag bis Freitag 9 bis 20 Uhr, Samstag 9 bis 17 Uhr. Informationen im Internet unter **www.schminkbar.ch**.

Joggingstrecken

254

Wenn man in der Schweiz »laufen« geht, sagt man »joggen«. »Mir gön chli go laufe« bedeutet nämlich »wir gehen ein bisschen spazieren«.

255

Die beliebteste Joggingstrecke der Stadt führt am Limmatufer entlang. Der Uferweg beginnt am Platzspitz-Park hinter dem Landesmuseum beim Hauptbahnhof und führt bis zur Werdinsel. Je nach Zeit und Kondition kann man sich hier seine Strecke selber maßschneidern: Bei jeder der vielen Brücken über die Limmat kann man umkehren.

256

Viele Jogger lieben auch den Zürichberg. Dort gibt es verschiedene Strecken im Wald. Start bei den Stationen »Zoo« oder »Irchel«.

257

Auch auf dem »Käferberg« kann man im Grünen laufen. Start ist hier bei der Haltestelle »Bucheggplatz«.

Auf dem Käferberg gibt es auch einen Vita-Parcours. Das ist die Schweizer Variante des Trimm-Dich-Pfads.

258

Wer eine gute Kondition und Freude an der Anstrengung hat, kann von den Tramstationen »Triemli« oder »Albisgüetli« aus den Üetliberg hinauflaufen. Das dauert ungefähr eine Stunde.

259

Ebenfalls beliebt ist der Panoramaweg den Üetliberg entlang. Man sollte bloß aufpassen, dass man nicht aus Versehen auf den »Biketrail Triemli« gerät. So heißt die spezielle Mountainbike-Route, die ebenfalls über den Üetliberg führt.

260

Die Initiative CityRunning bietet zahlreiche geführte Lauftreffs in verschiedenen Stadtkreisen und auf wechselnden Strecken an. Dort kann man kostenlos und ohne Anmeldung teilnehmen und mit Gleichgesinnten laufen. Treffpunkte und Termine gibt es im Internet unter **www.cityrunning.ch**. Bei den meisten CityRunning-Angeboten steht eher das abwechslungsreiche Laufen im Vordergrund als der Leistungsaspekt. Wer mehr Ehrgeiz hat und sich zum Beispiel auf einen Marathon wie den Zürcher Silvesterlauf vorbereiten will, sollte sich einen entsprechenden Verein suchen.

261
Gruppen-Intervalltraining gibt es etwa beim Turnverein Unterstrass. Jeden Donnerstag von 18.30 bis 20.15 Uhr findet ein geführtes Lauftraining in verschiedenen Leistungsgruppen statt. Wer nicht länger als sechs Minuten für einen Kilometer braucht, also in einer Stunde gut zehn Kilometer schafft, kann unverbindlich an einem Probetraining teilnehmen. Treffpunkt ist beim Haupteingang der Sportanlage Sihlhölzli an der Manessestrasse 1. Informationen gibt es beim Sekretariat des Vereins unter Telefon 044/2 42 90 55 oder im Internet unter **www.tvunterstrass.ch** ▸ Leichtathletik ▸ Laufgruppe.

262
Auch der akademische Sportverein Zürich bietet geführtes Lauftraining mit Vorbereitung auf verschiedene Läufe und Marathons. Informationen im Internet, siehe Punkt 110.

263
Für gelenkschonendes Lauftraining gibt es in Zürich drei »Finnenbahnen«. Dort läuft man nicht auf Naturboden oder Steinwegen, sondern auf Holzschnipseln oder Sägespänen. Eine Finnenbahn befindet sich am Käferberg bei der Tramstation »Bucheggplatz«. Eine in Altstetten am Lyrenweg, Busstation »Friedhof Eichbühl«, und eine gehört zum Sportplatz Hardhof, Hardhof 10, Haltestelle »Hardhof«.

264

Die Stadt Zürich hat eine Broschüre mit zahlreichen Joggingstrecken auf dem Stadtgebiet herausgegeben. Sie kann im Internet heruntergeladen werden. Der Link befindet sich im Anhang unter »Downloads«.

265

Der wichtigste Zürcher Lauf ist der Neujahrsmarathon. Er beginnt jeweils am 1. Januar 0.00 Uhr. Nebst der klassischen Marathondistanz von 42, 195 km finden am selben Tag auch ein Halbmarathon (21,1 km) sowie ein Zehn-Kilometer-Lauf statt. Informationen sowie die Möglichkeit zur online-Anmeldung gibt es im Internet unter **www.neujahrsmarathon.ch**.

Spaziergänge und Parks

266

In Zürich gibt es viele reizende und einige außergewöhnliche Parks.

267

Besuchen Sie einmal die »Villa Patumbah« und den zugänglichen Teil des Parks. Die Villa wurde Ende des 19. Jahrhunderts von einem Kaufmann gebaut, der in Sumatra mit Tabakplantagen zu Reichtum gekommen war. Den Garten ließ er von einem Gartenkünstler nach klassischen Kriterien anlegen. Nach seinem Tod wurde ein Teil des Parks von den Erben verschenkt und abgetrennt. Diese Trennung ist bis heute geblieben, deshalb konnte bisher nur ein Teil der mittlerweile städtischen Anlage nach ursprünglichen Plänen wiederhergestellt werden. Gartenbauexperten werden sich daran wahrscheinlich stören. Wer aber nur Ruhe im Grünen sucht, wird sie hier etwa bei dem bezaubernden Pavillon finden. Zollikerstrasse 128/130 im Kreis 8.

268
Ein Klassiker der Zürcher Stadtspaziergänge führt am linken Seeufer entlang bis zum »Zürihorn«, einem kleinen Höcker in der Uferlinie des Sees. Hier steht ein auffälliger Ausstellungspavillon, der nach den Entwürfen von Le Corbusier errichtet wurde und im Innern eine Ausstellung zu seinem Werk zeigt. Höschgasse 8.

269
Am Zürihorn befindet sich auch der charmante Chinagarten Zürich. Darin gibt es allerlei hübsche Brückchen und Pavillons zu entdecken. Der Park war ein Geschenk der Stadt Kunming in Südchina an Zürich. Und zwar, weil die Zürcher den Chinesen technische und wissenschaftliche Hilfe bei der Trinkwasserversorgung und Stadtentwässerung boten. Der Garten befindet sich an der Bellerivestrasse beim Zürichhorn am linken Zürichseeufer. Er ist von März bis Oktober geöffnet. Der Eintritt kostet vier Franken.

270
Die beiden architektonischen Pole des Zürcher Stadtgefühls heißen »Urbanität« und »Behäbigkeit«. Diesen spannungsvollen Gegensatz kann man mit ein paar eigenen Schritten nachvollziehen, wenn man zum Escher-Wyss-Platz fährt. Von da spaziert man nach Süden in Richtung Hardplatz und zum Maag-Areal. Unter der Autozufahrt zur Hardbrücke herrscht der szenige, industrielle Stadtcharakter, den Zürich seit einigen Jahren immer stärker herausbildet. Man biegt nach links in die Geroldstrasse ein und spaziert ent-

lang der Verkehrsader bis zur Viaduktstrasse. Unter dem Viadukt hindurch biegt man rechts in die Josefstrasse ein, und schon steht man in der steinernen Behäbigkeit gepflegter städtischer Wohnsiedlungen. Am lauschigen Röntgenplatz vorbei spaziert man bis zur Langstrasse. Hier wechselt die Atmosphäre zu einer gemäßigten Großstadtstimmung im Miniaturmaßstab: Szenegeschäfte und ihre Besucher mischen sich mit der Halbwelt, Drogendealer stehen neben angesagten Lokalen, und alles fügt sich hier zu einem der lebendigsten und spannungsvollsten Teile der Stadt zusammen. Wenn man die Langstrasse nach rechts einbiegt, gelangt man zu einer Unterführung, die die Gleise des Hauptbahnhofes kreuzt. Hier wird die Langstrasse noch ein bisschen ruppiger. Nach wenigen Minuten kommt man am Helvetiaplatz vorbei und erreicht den Stauffacher. Wenn man dort in das richtige Tram steigt, ist man nach ein paar Stationen wieder in der eleganten Innenstadt, die Lichtjahre von den gerade gesehenen Gegenden entfernt zu liegen scheint.

271

Eine der ältesten Parkanlagen in Zürich ist das Arboretum am rechten Seeufer. Hier, wo das Enge-Quartier beginnt, wurden vor fast 100 Jahren zur Erbauung und Bildung der Bevölkerung exotische Hölzer nach Richtlinien des klassischen Gartenbaus angepflanzt. Heute ist das Arboretum ein beliebtes Naherholungsgebiet in direkter Nachbarschaft zum Seebad Enge (siehe Punkt 244). Zum Arboretum gehört auch ein über 100-jähriger Volierenpark mit exotischen Vögeln sowie eine der größten Sukkulentensammlungen der Welt. Sukkulentensammlung am Mythenquai 88. Täglich geöffnet von 9 bis 16.30 Uhr. Informationen im Internet unter **www.foerderverein.ch** ▸ Sukkulenten-Sammlung.

272

Einige Zürcher entdecken das Enge-Quartier zunehmend als spannendes Territorium für ausgedehnte Stadtspaziergänge (siehe Punkt 15).

273

Ein weiterer Klassiker unter den Zürich-Spaziergängen führt von der Bergstation der Seilbahn Rigiblick – dem »Rigibähnli« – bis zum Waldrand und von da durch den Wald zum Zoo. Auf der Aussichtsterrasse des »Hotels Zürichberg« an der Orellistrasse 21 kehrt der geübte Zürcher dann zu Kaffee und Kuchen ein.

Oder man fährt auf den Üetliberg. Man erreicht ihn mit der S-Bahn S10 ab Hauptbahnhof. Ausgesprochen wird er ungefähr »Ü-atliberg«. Von dort spaziert man entweder in die Stadt hinunter, oder man geht den Grat entlang bis zur Felseneggbahn. Das dauert ungefähr eineinhalb Stunden. Mit der frisch erneuerten Luftseilbahn kann man nach Adliswil hinunterfahren und kommt von dort in ungefähr 20 Minuten mit der S-Bahn an den Hauptbahnhof zurück. Den Fahrplan der Luftseilbahn findet man im Internet unter **www.felseneggbahn.ch**.

274

In Neu-Oerlikon gibt es mehrere neue, teilweise sehr umstrittene, aber auch preisgekrönte Parks. Möglicherweise gefällt Ihnen die enorme Sachlichkeit der modernen Anlagen. Sie befinden sich alle auf der Rückseite des Bahnhofs Oerlikon und können entweder zu Fuß oder mit dem Bus erreicht werden.

Das Highlight des »Oerliker Parks« ist sein Aussichtsturm, der an die Industriekamine erinnern soll, die hier früher standen. Irgendwann in Zukunft werden die noch kümmerlichen Stängel der Baumfläche ein imposantes Blätterdach bilden. Ecke Birchstrasse / Emil-Rüti-Weg, Busstation »Bollingerweg«.

Der »MFO-Park« besteht im Wesentlichen aus einem riesigen, bepflanzten Eisengerüst, in dessen beinahe tropischem Inneren man sich angenehm aufhalten kann. MFO ist die Abkürzung für die »Maschinenfabrik Oerlikon«, die hier früher ansässig war. Sophie-Taeuber-Strasse / James-Joyce-Weg.

Der »Wahlenpark« besteht im Großen und Ganzen aus einer weitläufigen Rasenfläche und einigen architektonischen Details wie einer aus dem Boden leuchtenden Promenade. Ecke Ruedi-Walter-Strasse / Otto-Schütz-Weg. Bushaltestelle »Max-Bill-Platz«.

Kunst und Literatur

275
Im »Sphères« können Sie stundenlang in Büchern schmökern und dazu Kaffee oder Wein trinken und Kleinigkeiten essen. Das Sphères ist tagsüber Café und abends Bar. Integriert ist eine anspruchsvoll sortierte Buchhandlung. In dem weiten, sachlichen Raum herrscht eine Atmosphäre, in der die Gedanken Platz zum Herumfliegen haben. Zum Leben erweckt wird die karge Architektur von einer im Raum hängenden Balustrade, kleinen Tischen und natürlich den Büchern, die es zu kaufen gibt. Über Mittag kehren die Journalisten der benachbarten Redaktionen auf einen Tramezzino ein. Auch wenn Sie stundenlang allein sitzen, werden Sie sich hier nicht beobachtet oder einsam vorkommen. Hardturmstraße 66 im Kreis 5. Montag bis Freitag ist jeweils von 8 bis 24 Uhr geöffnet, am Samstag und Sonntag von 9.30 bis 19.30 Uhr. Im Internet gibt es Informationen unter **www.spheres.cc**. Das zweite »c« ist kein Druckfehler.

276

Das Zürcher Literaturhaus ist im engeren Sinn kein reales Haus, sondern eine Infrastruktur und ein Kulturprojekt mit diesem Namen, das in den Räumlichkeiten der altehrwürdigen »Museumsgesellschaft« untergebracht ist. Es beinhaltet das, was man von einem Literaturhaus erwartet: anspruchsvolle Lesungen bekannter und zu entdeckender, einheimischer und internationaler Autorinnen und Autoren sowie Workshops und andere Veranstaltungen. Für Mitglieder gibt es außerdem Lesesäle. Limmatquai 62.
Informationen zum Programm gibt es unter Telefon 044/2 54 50 08 oder im Internet unter **www.museums gesellschaft.ch**.

277

Wer sich für den Wahlzürcher Thomas Mann interessiert, findet im Thomas-Mann-Archiv der ETH Zürich im »Bodmerhaus« einen überraschend atmosphärischen Ort. Nach dem Tod des Dichters wurde die Ausstattung seines Arbeitszimmers aus dem Wohnhaus in Kilchberg hierher befördert. Autografen, Tagebücher und literarische Arbeitsmaterialien des Schriftstellers sind ebenfalls an dieser Stelle aufbewahrt und teilweise ausgestellt. Außerdem werden alle nur denkbaren Ton- und Bilddokumente archiviert und katalogisiert. Wenn man die dazugehörige Bibliothek – auf Voranmeldung – besucht, ist das Archiv von Montag bis Freitag von 9 bis 12 Uhr und von 13.30 bis 17 Uhr geöffnet. Das Museum allein kann Mittwoch und Samstag von 14 bis 18 Uhr gesehen werden. Schön-

berggasse 15, Telefon 044/6324045. Informationen im Internet unter **www.tma.ethz.ch**.
Das ursprüngliche Wohnhaus der Familie Mann in Kilchberg an der Goldküste des Zürichsees kann man nicht besuchen.

278

Im »Strauhof« in der Altstadt veranstaltet die Stadt seit Jahren anspruchsvolle kultur- und vor allem literaturgeschichtliche Ausstellungen zu unterschiedlichen Themen. Augustinergasse 9. Telefon 044/4123139. Geöffnet Dienstag bis Freitag 12 bis 18 Uhr, Samstag und Sonntag 10 bis 18 Uhr. Montag geschlossen. Weitere Informationen und Ausstellungsprogramme im Internet unter **www.strauhof.ch**.

279

Viele Schauplätze der deutschsprachigen Literaturgeschichte liegen in Zürich und manche sind noch erhalten. Im Stadtführer »Literarisches Zürich« von Arlette Kosch sind sie nicht nur detailliert aufgeführt, sondern in einem – gebrauchsfähigen – historischen Stadtplan auch zum Nachspazieren eingezeichnet (Verlag Jena 1800).
»Zürich, du mein blaues Wunder« von Ute Kröger stellt sieben literarische Spaziergänge zu unterschiedlichen Themen vor, die ebenfalls durch die ganze Stadt führen (Limmat Verlag).

280

Noch immer kann man etwa an dem Ort Kaffee trinken, wo die Dada-Bewegung gegründet wurde: im »Cabaret Voltaire«. Spiegelgasse 1 im Niederdorf. Im Internet unter **www.cabaretvoltaire.ch**.
Auch das Kaffeehaus »Odeon« am Bellevue scheint seit seiner Eröffnung im Jahr 1911 nichts von seiner Jugendstilgrandezza eingebüßt zu haben. Hier gingen alle Künstler und Literaten ein und aus, die in der europäischen Kulturszene des frühen 20. Jahrhunderts eine Rolle gespielt haben. Wenn man heute zwischen Touristen und Geschäftsleuten einen Platz erkämpft und sich dem edlen Ambiente ergibt, ist es leicht vorstellbar, dass Kurt Tucholsky und James Joyce gleich wieder zur Tür hereinkommen könnten. Dabei ist die Geschichte des legendären Kaffeehauses gar nicht so bruchlos verlaufen, wie es heute den Anschein hat. In den 1970er Jahren wurde das Odeon vorwiegend von der Drogenszene frequentiert. Diese geht in Zürich traditionell sehr gründlich ans Werk, und rasch sah das Kaffeehaus nicht mehr edel und gediegen aus. Um die Junkies zu vertreiben, renovierten die Betreiber gründlich, dabei wurde auch ein Teil der ursprünglichen Raumaufteilung verändert. Abgesehen davon sind von diesem jüngeren Teil der Geschichte aber keine Spuren übriggeblieben. Adresse siehe Punkt 162. Informationen im Internet unter **www.odeon.ch**.

281

Wer gerne tote Dichter und andere Künstler auf Friedhöfen besucht, hat in Zürich eine große Auswahl. In Zürich begraben liegen unter anderem Elias Canetti, Therese Giehse, Friedrich Glauser, James Joyce, C.G. Jung, Mascha Kaleko, Gottfried Keller, fast die gesamte Familie Mann und Alfred Polgar.
Die Gräber von Elias Canetti, Therese Giehse und James Joyce können auf dem Friedhof Fluntern besucht werden. Zürichbergstrasse 189. Friedrich Glauser ruht auf dem Friedhof Manegg, Thujastrasse 60. Mascha Kalekos Grab findet man auf dem israelitischen Friedhof Oberer Friesenberg. Friesenbergstrasse 330. Die Gräber von Alfred Polgar und Gottfried Keller befinden sich auf dem Friedhof Sihlfeld A, Aemtlerstrasse 151.
Das Grab von C.G. Jung sowie die letzte Ruhestätte der Familie von Thomas Mann können auf dem Friedhof Kilchberg besucht werden. Allerdings sind die Manns nicht vollständig: Klaus Manns Asche wurde in Cannes bestattet und Golo Manns Überreste ruhen in einem einfachen Reihengrab etwas abseits vom Familiengrab in Kilchberg. Dorfstrasse 117, 8802 Kilchberg.

282

Unter der Adresse **www.artinzurich.ch** kann man im Internet kostenlos einen aktuellen Ausstellungskalender aller Zürcher Galerien herunterladen.
Hinweise auf Museen in Zürich gibt es ab Punkt 308.

Erfreuliche Entdeckungen

283

Zürich hat ein ganz besonderes Blau. Als Anfänger sieht man es zum Beispiel etwa eine halbe Stunde vor Einsetzen der Dämmerung, wenn man über die Brücke vom Hauptbahnhof zum Central fährt und in Richtung See auf die Limmat und die Lichter schaut. Als Fortgeschrittener entdeckt man es auch auf dem »Dammbrückli« zwischen Industriequartier und Wipkingen. Und wenn man es erst einmal erkannt hat, sieht man es fast überall in Zürich und wird süchtig danach.

284

Wunderschön Eislaufen kann man im Winter auf der Dolder-Eisbahn hoch über der Stadt und mitten im Wald. Adlisbergstrasse 36. Bis zur Tramhaltestelle »Römerhof«, dann mit dem Dolder-Bähnchen hinauffahren. Geöffnet von Oktober bis März, Montag bis Samstag von 9 bis 22.20 Uhr. Samstag 9 bis 17.40 Uhr. Mittwochs ist die Eisfläche von 18 bis 19 Uhr gesperrt. Informationen im Internet unter **www.doldersports.ch**.

285

Wenn Sie Interesse an Straßenbahnen und Trams haben, wird Ihnen das Tram-Museum an der Forchstrasse 260 Freude bereiten. In einem alten Tramdepot finden Sie Fahrzeuge vom 19. Jahrhundert bis heute und erfahren vieles darüber, wie sich die Stadt Zürich und mit ihr der öffentliche Verkehr entwickelt hat. Das Museum betreibt auch eine eigene, historische Tramlinie. Zu besonderen Anlässen fährt die Linie 21 vom Museum in die Innenstadt, in historischen Wagen und mit Fahrern in originalgetreuen Uniformen. Forchstrasse 260. Telefon 044/3 80 21 62. Von April bis Oktober ist das Museum von Mittwoch bis Freitag jeweils von 14 bis 17 Uhr geöffnet, am Samstag von 13 bis 18 und am Sonntag von 13 bis 17 Uhr. Zwischen November und März jeweils Mittwoch und Sonntag von 13.30 bis 16.30 Uhr. Informationen gibt es auch unter **www.tram-museum.ch**. Und Geschenke für Tram-Fans im Museumsshop.

286

Die Café-Bar El Greco befindet sich neben dem großen Migros am Limmatplatz. Hier hat sich eine wunderbare Caféhaus-Patina irgendwo zwischen 30er- und 70er Jahren des letzten Jahrhunderts abgelagert und es ist enorm entspannend, hier eine Weile zu sitzen.

287

Eine versteckte Entdeckung ist das Zinnfigurenmuseum. Es ist in einem privaten Altstadthaus untergebracht und bietet nicht nur Einblick in Miniaturwelten aus Zinn, sondern vor allem auch in die Lebenswelt des historischen Zürcher Bürgertums. Die Grundfesten des Hauses stammen aus dem zwölften, einige noch sichtbare Fresken aus dem 16. Jahrhundert. Obere Zäune 19, am Napfplatz. Geöffnet Sonntag 11 bis 16 Uhr und auf Anfrage. Telefon 044/2625720 oder im Internet unter **www.zinnfigurenmuseum.ch**.

288

Ein typisches Beispiel für den gleichzeitig städtischen und erdigen Charakter der gehobenen Zürcher Alternativszene ist das »Limmat-Lädeli« direkt an der Tramhaltestelle »Dammweg«. In dem winzigen Quartiergeschäft mit den schrägen Details kann man Lebensmittel und Getränke kaufen. In der Mittagszeit stehen die Quartierbewohner und die Grafiker und Künstler aus den Ateliers der Umgebung für die wechselnden Suppen bis auf die Straße Schlange. Limmatstrasse 259. Geöffnet Montag bis Freitag 11 bis 18.30 Uhr.

289

Einer der Orte, an denen sich der urbane Puls von Zürich mit der sinnlichen Schönheit der Stadt verbindet, ist der futuristische Pavillon an der Tramhaltestelle »Bellevue«. Wie ein eleganter Pilz steht er mitten auf der Traminsel. Im Inneren gibt es eine hübsche Kaffeebar. Wenn man hier am Fenster sitzt und das gemächliche Rauschen der Stadt auf sich wirken lässt, ist es ganz einfach, sich in Zürich zu verlieben.

Flohmärkte, Brockenhäuser und Second Hand

290
Falls Sie gerne in Trödel nach Raritäten suchen, werden Sie um das Zürcher Brockenhaus nicht herumkommen. Ein Brockenhaus ist ein Gebrauchtwarenladen, der meist mit wohltätigem Hintergrund geführt wird und Stücke aus Wohnungsauflösungen verkauft. Das bekannteste Zürcher »Brocki« befindet sich direkt an den Bahngleisen entlang des Hauptbahnhofs. Hier finden Sie eine enorme Auswahl an Hausrat, Kleidung, Mobiliar, Büchern und Raritäten. Da viele Waren aus der Auflösung gutbürgerlicher Haushalte stammen, können Sie wirkliche Schätze finden. Die Preise sind äußerst moderat. Neugasse 11 (Kreis 5). Geöffnet Montag bis Freitag 10 bis 18.30 Uhr. Samstag 10 bis 16 Uhr. Informationen im Internet unter **www.zuercher-brockenhaus.ch**.

291
Kleinere Brockenstuben gibt es in den meisten Stadtquartieren. Fast immer werden Sie von wohltätigen Vereinen betrieben. Ein Beispiel ist der kleine Laden des jüdischen Frauenvereins WIZO. Weit abseits von

der Innenstadt gelegen, wird er vom vintage-kundigen Szenevolk verschmäht, darum kann man hier besonders schöne Funde zu günstigen Preisen machen. Heinrich-Bosshard-Strasse, direkt hinter der Bank am Schwamendingerplatz. Am Samstag und über Mittag geschlossen.

292

Im »Brocki« der Heilsarmee unter der Hardbrücke findet man ein großes und preisgünstiges Angebot an oft schönem, manchmal aber auch sagenhaft schrägem Geschirr, Gläsern, Büchern und gut erhaltenen Möbeln. Die Präsentation ist allerdings beiläufig und unspektakulär. Umso mehr Freude macht es, hier wirkliche Lieblingsstücke aufzustöbern. Geroldstrasse 29, geöffnet täglich von 10 bis 18 Uhr, am Samstag 10 bis 16 Uhr, Montag geschlossen. Informationen im Internet unter **www.brocki.ch**.

293

Auch das »Brockito« in Oerlikon verfolgt einen guten Zweck: Es ist Teil eines Beschäftigungs- und Ausbildungsprogramms für Migranten. Nebst restaurierten Möbeln, Kleidung und Hausrat kann man hier auch selbst hergestellte Objekte finden. Robert-Maillart-Strasse 12, geöffnet Montag bis Freitag 9 bis 18.30 Uhr, Samstag 9 bis 16 Uhr.

294

Ein weiteres großes Brockenhaus ist das »Brocki-Land«. Es erstreckt sich über die drei Decks einer

Tiefgarage in der Steinstrasse 68 (Kreis 3) beim Manesseplatz. Geöffnet Montag bis Freitag 10 bis 18.30 Uhr, Samstag 9 bis 16 Uhr. Informationen im Internet unter **www.brockiland.ch**.

295

Direkt daneben und von denselben Betreibern geführt liegt das »Musik-Land«. Dort kann man Schallplatten und CDs aller Art finden, außerdem rare Schellackplatten. Steinstrasse 70 (Kreis 3).

296

Flohmärkte sind in Zürich chaotischer und weniger von professionellen Händlern geprägt als in Deutschland. Zwar findet man immer wieder wertvolle Sammelstücke und Raritäten, aber man muss sich konsequenter durchwühlen. Meistens kann man über die Preise verhandeln. Allerdings sollte man das zurückhaltend tun und nicht bis aufs Blut feilschen.

297

Für viele jüngere Zürcher ein Muss ist der Samstagsspaziergang über den Kanzleiflohmarkt. Hier trifft sich die Szene, um Vinylplatten aus den 80er Jahren oder szenigen Hausrat aus den 70ern zu jagen. Der Markt wird dominiert von privaten Verkäufern, die Preise sind niedrig. Immer am Samstag von etwa 7 bis 16 Uhr, Kanzleistrasse 56.
Traditionell geht man nachher auf einen Espresso oder Latte Macchiato ins nahegelegene »Casablanca« an der Langstrasse 62.

298

Etwas edler ist der Flohmarkt am Bürkliplatz. Zwischen Mai und Oktober findet er immer am Samstag von 8 bis 16 Uhr statt.

Angeben

Dieses Kapitel wappnet Sie für den ersten Besuch von Freunden oder der Familie aus der alten Heimat. Hier bekommen Sie Tipps an die Hand, mit denen Sie sich schon nach kurzer Zeit in der Schweiz als Zürich-Kenner und Geheimtipp-Entdecker profilieren können. Außerdem bietet es unnützes Wissen, das auch überinformierten Besuch beeindrucken kann.

Logierbesuch unterhalten

299

Geben Sie den Gästen nach, wenn sie die berühmte Bahnhofstrasse sehen wollen. Aber tun Sie es auf gar keinen Fall am Samstagnachmittag. Tun Sie es am Dienstagmorgen. Je näher Sie zum See kommen, desto teurer werden die Geschäfte. Modeschmuck, bunte Fähnchen und Kunstledertäschchen gibt es eher in der Nähe des Bahnhofs. Luxusuhren, internationale Designerlabels und reiche Zürcherinnen – und Russinnen –, die ein bisschen »posten« (einkaufen), trifft man in ansteigender Zahl in Richtung Bürkliplatz. Aber das Besondere an der Bahnhofstrasse sind nicht die Geschäfte. Es ist die dort manchmal einsetzende Vermutung, dass man Seelenfrieden vielleicht doch kaufen kann.

300

Auf jeden Fall sollten Sie mit Ihrem Besuch durch das Niederdorf stromern und sich durch die winzigen Seitenstraßen treiben lassen. Dabei ist es für die Ortsfremden nicht nötig, in laute Begeisterung oder übertriebene Ekstase zu verfallen. Auch wenn es dort wirklich außergewöhnlich schön und gemächlich ist und man vor einem Blumengeschäft auch mal Claudia Schiffer über den Weg laufen kann.

301

Versuchen Sie nicht, beim Bestellen in einem Restaurant vor dem Besuch mit Ihren Kenntnissen des Schweizerdeutschen zu protzen. Die Bedienung wird Ihnen garantiert eine Strich durch die Rechnung machen und Sie vor den Gästen mit beschämenden Nachfragen blamieren.

302

Wenn Ihr Besuch aus naseweisen Teenagern besteht, denen alles zu öde oder zu uncool ist, können Sie sie vielleicht mit einem Besuch im Moulagen-Museum beeindrucken. In dieser Abteilung der Universität Zürich sind naturgetreue Wachs-Nachbildungen von deformierten, zerfressenen und sonstwie durch Krankheit und Unfälle zerstörten menschlichen Gliedmaßen zu sehen. Alles mit streng medizinischem Ansatz und in großer handwerklicher Kunst im 19. und frühen 20. Jahrhundert zur Anschauung für die Medizinstudenten angefertigt. Wenn Sie einen schwachen Magen haben, sollten Sie selbst nicht mitgehen. Wahrscheinlich geben die vorlauten Besucher nachher für ein paar Stunden Ruhe, und womöglich wollen sie danach auch nicht gleich zu McDonalds. Haldenbachstrasse 14 (Kreis 6). Geöffnet Mittwoch 14 bis 18 Uhr und Samstag 13 bis 17 Uhr. Informationen im Internet unter **www.moulagen.ch**.

303

Ein fester Bestandteil des Wochenendes ist für viele Zürcher der Sonntagmittag im »Bohemia« geworden. Das Lokal hat sich ganz dem modernen Latino-Lebensgefühl verbunden und wird auch von vielen Lateinamerikanern besucht. Tagsüber ist es ein lebhaftes Café mit eigener Kaffeerösterei, nachts eine Cocktail-Bar und samstags zur »Havana Noche« Treffpunkt für temperamentvolle Menschen aus dem In- und Ausland, die gerne kubanische Zigarren aus dem hauseigenen Humidor paffen, wenn sie nicht gerade Salsa tanzen. Und sonntags ist im »Bohemia« der legendäre Brunch aufgebaut. Beeindrucken Sie mit dieser urbanen Frühstücksatmosphäre Ihre Gäste. Aber reservieren Sie unbedingt vorher! Klosbachstrasse 2 am Kreuzplatz (Kreis 7). Geöffnet Montag und Dienstag 6.45 Uhr bis Mitternacht, Mittwoch und Donnerstag bis 1 Uhr, Freitag bis 2 Uhr, Samstag 9 bis 4 Uhr und sonntags von 9 bis Mitternacht. Telefon 044/3 83 70 60. Im Internet unter **www.bohemia.ch**.

304

Falls Sie Ihren Besuch nicht bei sich zu Hause unterbringen können oder wollen, könnte das »Kafi Schnaps« eine Alternative sein. Das Kafi Schnaps ist einerseits ein charmant stilvolles Café, das bis in den Nachmittag hinein Frühstück serviert. Zum anderen gibt es hier fünf sehr nette, liebevoll gestaltete Zimmer, die in der Art eines »Bed & Breakfast« betrieben werden. Und dass die Betreiber dafür unschlagbar günstige Preise veranschlagen, kann ja auch nicht wirklich stören: Die Zimmer mit gemeinschaftlichem, großzügigem Bad und separatem WC kosten zwischen 44 und 59 Franken – inklusive Frühstück. Kornhausstrasse 57. Die Zimmer sind im Internet buchbar unter **www.kafischnaps.ch**.

305

Wenn Sie gern mit unnützem Wissen brillieren, nehmen Sie das: Die Stadtheiligen von Zürich heißen Felix und Regula. Durch sie wurde Zürich seit dem neunten Jahrhundert nach Christus zu einem beliebten Wallfahrtsort. Felix und Regula waren im dritten Jahrhundert als Christen vom römischen Kaiser Diokletian verfolgt worden und nach Zürich geflüchtet. Das half ihnen aber nichts, und sie wurden dort enthauptet. Auf mirakulöse Weise sollen sie ihre abgetrennten Köpfe fortgetragen haben, und zwar an die Stelle, wo heute das Grossmünster steht. Bis zur Reformation waren die Gräber der beiden für Pilger zugänglich. Und es kamen viele Pilger, darunter Blinde und Lahme, die auf Heilung hofften. Für diese wurde am Rand des Niederdorfes eine »Elendherberge« eröffnet, was den Pilgerstrom zusätzlich ankurbelte. Weil der Reiseverkehr in Zürich zunahm, legten auch Handel und Gewerbe zu. Um 1400 wurden die ersten Gasthäuser für Reisende aller Schichten eröffnet. Indirekt gelten die Stadtheiligen Felix und Regula als Gründer dieses Verkehrs und darum als Wohltäter des Gastgewerbes.

306
Einblick in die Volksseele beweisen Sie, wenn Sie Ihrem Besuch kurz die Diskussion um die Weihnachtsbeleuchtung an der Bahnhofstrasse rekapitulieren. Nichts hat das Blut der Zürcher in den letzten Jahren so sehr ins Wallen gebracht. Zu Beginn des 21. Jahrhunderts kamen einige einheimische Gewerbetreibende auf die Idee, dass die Lämpchen der traditionellen Weihnachtsbeleuchtung an der Bahnhofstrasse – die es andernorts ja zu dieser Jahreszeit genauso gibt – für Zürich zu wenig innovativ seien. Sie lancierten einen Ideenwettbewerb und entschieden sich für einen ganz neuartigen Entwurf: Ein langes Band aus einer Art aufrechter, überdimensionierter Neonröhren, das sich vom Hauptbahnhof bis zum See über die ganze Länge der Straße zieht. Ausgestattet waren die Röhren mit LED-Zellen, die dem warmen Lämpchenlicht der Geschäfte eine kühle, großstädtische Note hinzufügten. 2005 wurde die Beleuchtung aufgehängt. Daraufhin bombardierte die Bevölkerung die Leserbriefredaktionen mit Protest. Nur ein paar Stilisten fanden die neue Beleuchtung schön. Die Beleuchtung war auch schön. Sie hatte bloß keinerlei Bezug zu Weihnachten und wirkte ausgerechnet zu dieser Jahreszeit etwas überflüssig. 2007 siegten die konservativen Kräfte. Die Großbank UBS, deren Hauptsitz im direkten Lichtschein der Weihnachtsbeleuchtung liegt, spendierte 2,5 Millionen Franken für eine neue, gemäßigte, weihnachtlichere Weihnachtsbeleuchtung. Ein neuer Wettbewerb wurde ausgeschrieben. Was herausgekommen ist, kann man mit eigenen Augen

sehen: immer in Kalenderwoche 47, wenn an der Bahnhofstrasse die Weihnachtsbeleuchtung angeht.

307

Das wissen Ihre Besucher alles schon? Dann fragen Sie sie, wie die umstrittene Lichtdekoration hieß. Hier ist die Antwort: »The World's Largest Timepiece«.

Museen

308

Versuchen Sie nicht, am Montag in Zürich in ein Museum zu gehen. Montags sind in Zürich alle Museen geschlossen. Auch die Museumsshops, wo Ihre Gäste unter Umständen Trophäen ihres Stadtbesuchs und Mitbringsel kaufen wollten.

309

An der Spitze in punkto Größe und Umfang steht das Schweizerische Landesmuseum direkt am Hauptbahnhof. Es bietet einen Überblick über die Kultur- und Vorgeschichte der heutigen Eidgenossenschaft von der Urzeit bis in die Gegenwart. Von Hellebarden bis Multimedia wird nichts an historischen Zimmereinrichtungen, Bekleidungen, Dokumenten und Darstellungen ausgelassen. Museumstrasse 2. Geöffnet von Dienstag bis Sonntag von 10 bis 17 Uhr. Informationen über aktuelle Sonderausstellungen im Internet unter **www.musee-suisse.ch** ▸ Schweizerisches Landesmuseum. Der Museumsshop wird vom Schweizer »Heimatwerk« betrieben (siehe Punkt 365).

310

Eines der bekanntesten Kunstmuseen der Schweiz ist das Kunsthaus Zürich. Hier werden neben der bedeutenden Sammlung wechselnde große Ausstellungen mit internationalem Anspruch gezeigt. Der Museumsshop bietet ein solides, eher konventionelles Sortiment an Katalogen und Kunstpostkarten sowie eine kleine Auswahl an Handtaschen von einheimischen Designern. Heimplatz 1. Geöffnet Dienstag, Samstag und Sonntag 10 bis 18 Uhr, Mittwoch bis Freitag 10 bis 20 Uhr. Informationen im Internet unter **www.kunsthaus.ch**.

311

Die Kunsthalle Zürich zeigt internationale Gegenwartskunst in Wechselausstellungen in eher kühlem Ambiente. Limmatstrasse 270. Geöffnet Dienstag, Mittwoch, Freitag 12 bis 18 Uhr, Donnerstag 12 bis 20 Uhr, Samstag, Sonntag und Feiertage 11 bis 17 Uhr. Informationen zu den aktuellen Ausstellungen im Internet unter **www.kunsthallezurich.ch**.

312

Sehr beliebt und außergewöhnlich sind das Museum Rietberg und der umgebende, öffentliche Rieterpark. Hier steht die »Villa Wesendonck«, die Mitte des 19. Jahrhunderts von einem Wuppertaler Seidenhändler gebaut wurde. Dessen Ehefrau unterhielt eine Liebesbeziehung zu Richard Wagner. Heute wird im Museum am Rietberg ethnologische Kunst aus allen außereuropäischen Regionen ausgestellt. Und zwar in

einem Ensemble aus neuerstellten, architektonisch sehr spannenden unterirdischen Hallen. Gablerstrasse 15. Geöffnet Dienstag bis Sonntag 10 bis 17 Uhr, Mittwoch und Donnerstag 10 bis 20 Uhr.
Informationen zu aktuellen Ausstellungen im Internet unter **www.rietberg.ch**.

313

Wer sich für den Einfluss von Design und visueller Kommunikation auf unseren Alltag interessiert, kommt nicht um das Zürcher »Museum für Gestaltung« herum. Dieses ist aus dem Kunstgewerbemuseum hervorgegangen und verfügt über eine immense Sammlung zur Geschichte der Gestaltung und des Industriedesigns in der Schweiz, die es in wechselnden Ausstellungen präsentiert. Das minimalistische Gebäude aus den 1930er Jahren ist ein eindrückliches Beispiel für das Neue Bauen in der Schweiz. Der hauseigene Museumsshop besticht durch eine kleine Auswahl ausgefallener Gegenstände einheimischer Designer, die sich als Geschenke eignen. Ausstellungsstrasse 60. Geöffnet ist immer Dienstag bis Donnerstag 10 bis 20 Uhr, Freitag bis Sonntag 10 bis 17 Uhr. Montags geschlossen. Information im Internet unter **www.museum-gestaltung.ch**.

314

Innovative Gegenwartskunst zeigt das »Migros Museum für Gegenwartskunst«. Es wird aus dem Migros-Kulturprozent finanziert. Indirekt also auch durch das Spülmittel und die Nudeln, die Sie bei dem Großverteiler kaufen. Ausgestellt werden zeitgenössische Arbeiten internationaler Künstlerinnen und Künstler. Limmatstrasse 270. Geöffnet Dienstag, Mittwoch und Freitag 12 bis 18 Uhr, Donnerstag 12 bis 20 Uhr, Samstag und Sonntag 11 bis 17 Uhr. Informationen im Internet unter **www.migrosmuseum.ch**.

315

Zeitgenössische Kunst vor allem von Schweizer Künstlerinnen und Künstlern bietet das »Helmhaus«. Limmatquai 31. Geöffnet Dienstag bis Sonntag 10 bis 18 Uhr, Donnerstag 10 bis 20 Uhr. Informationen im Internet unter **www.helmhaus.org**. Anstatt eines Museumsshops gibt es den »Kunstkiosk«: ein hervorragend sortiertes Antiquariat mit Spezialisierung auf Kunstbücher zum Thema Kunst nach 1960 und Fotografie sowie ausgefallenen Kunstpostkarten.

316

Einige schöne Mitbringsel findet man außerdem im Museumsshop des »Hauses Konstruktiv«. Das Museum wird von der »Stiftung für konstruktive und konkrete Kunst« betrieben und dokumentiert die Entwicklung der internationalen Moderne in Kunst und Architektur bis in die Gegenwart. Selnaustrasse 25. Geöffnet Dienstag, Donnerstag und Freitag von 12 bis 18 Uhr, Mittwoch 12 bis 20 Uhr, Samstag und Sonntag 11 bis 18 Uhr.
Informationen über aktuelle Ausstellungen im Internet unter **www.hauskonstruktiv.ch**.

317
Originell ist das »Money Museum« am Zürichberg. Wechselnde Ausstellungen zum Thema Geld beleuchten unser Zahlungsmittel aus unterschiedlicher Perspektive. Dabei spielt auch die philosophische Bedeutung von Armut und Reichtum eine Rolle. Aber auch wer sich für historische Münzen interessiert, kann hier schöne Stunden erleben. Das Museum hat zwei Standorte. Der größere an der Hadlaubstrasse 106 ist nicht ganz einfach zu erreichen. Mit dem Tram 9 oder 10 oder dem Bus 33 fährt man bis Haltestelle »Seilbahn Rigiblick«. Mit der Rigibahn bis Haltestelle »Hadlaubstrasse«. Dann spaziert man einige Minuten nach links, geht dort einen Gartenweg hoch und hat schon bald den Eingang gefunden. Geöffnet ist Dienstag 13 bis 18 Uhr. Informationen und eine genaue Wegbeschreibung mit Bildern gibt es im Internet unter **www.moneymuseum.ch**.
Der zweite Standort befindet sich im »Museum an der Bärengasse«, Bärengasse 20 in der Innenstadt. Dort ist zusätzlich von Mittwoch bis Sonntag von 14 bis 18 Uhr geöffnet.

318
Ganz der Kulturgeschichte des Kaffees widmet sich das »Johann Jacobs Museum«. Neben historischen Dokumenten und Bildern sind wunderschöne Kaffeeutensilien aus Silber und Porzellan zu sehen. Seefeldquai 17. Geöffnet Freitag 14 bis 19 Uhr, Samstag 14 bis 17 Uhr und Sonntag 10 bis 17 Uhr. Informationen im Internet unter **www.johann-jacobs-museum.ch**.

Besondere Aussichten und Sehenswürdigkeiten

319

Ein fast echtes Stück Regenwald aus Madagaskar liegt auf dem Zürichberg. Die »Masoala-Halle« im Zoo Zürich gilt als eine der spektakulärsten Anlagen in Europa. In der riesigen Halle turnen Meerkatzen, Makis und viele andere tierische Regenwaldbewohner frei zwischen den exotischen Pflanzen und den einheimischen Besuchern herum – wenn sie sich nicht gerade vor dem Ansturm verstecken. Zürichbergstrasse 221. Von März bis Oktober täglich 9 bis 18 Uhr geöffnet, von November bis Februar täglich 9 bis 17 Uhr. Informationen im Internet unter **www.zoo.ch**.

320

Der neue Hauptsitz des Weltfußballverbandes Fifa wurde vor kurzem auf dem Zürichberg fertiggestellt. Gebaut hat die »Home of Fifa« die Zürcher Architektin Tilla Theus. Und zwar als dramatisch weitläufiges Gebäude, das – passend zum Inhalt – von einer Art Netz umgeben ist. Der Bau wirkt auffallend niedrig, weil zwei Drittel davon unterirdisch liegen. Fifa-Strasse 20 (Tramhaltestelle »Zoo«).

321
Noch schöner ist die Aussicht vom alten Standort der Fifa aus, dem »Sonnenberg«. Dort residiert noch immer das gleichnamige Spitzenrestaurant von Jacky Donatz. Aber der Besuch lohnt sich auch einfach nur wegen des Ausblicks: hinunter auf die ganze Stadt und den Zürichsee. Besonders eindrücklich in der Abenddämmerung. Hitzigweg 15. Unter Telefonnummer 044/2669797 kann man für das Restaurant reservieren.

322
Oder führen Sie Ihre Besucher zum Sonnenuntergang auf den Teil der Hardbrücke, der über die Gleise des Bahnhofs führt. Lassen Sie sie in die Weite der Stadt und bis zu den Alpen blicken. Genießen sie das unvergleichliche Licht der Stadt, das hier besonders intensiv zu sehen ist. Halten Sie einen Moment inne und freuen Sie sich, dass eine derartig großstädtische Schönheit von nun an zu Ihrem Alltag gehört.

323
Das funktioniert auch im Sonnenaufgang. Den erwischen Sie möglicherweise, wenn Sie die Nacht in einem der vielen Clubs der Umgebung oder auf dem Veranstaltungsgelände »Maag-Areal« direkt unter der Hardbrücke verbracht haben. Hier schlägt das Herz des Szene- und Ausgehviertels »Zürich-West«.

324
Wenn Sie tagsüber hier sind, sollten Sie auf den 26 Meter hohen Aussichtsturm des »Freitag«-Ladens steigen. Den beiden Brüdern Daniel und Martin Freitag verdanken wir die Kuriertaschen aus ausgedienten Lastwagenplanen. Ihren neuen Flagship-Store haben die Freitags konsequenterweise aus aufeinandergestapelten, ausgedienten Lastwagencontainern gebaut. Innen riecht es nach Plastik und Urbanität, und man kann Freitag-Taschen in allen Ausführungen und riesiger Auswahl kaufen. Hin und wieder muss man sich allerdings an jugendlichen Touristen aus Japan vorbeischlängeln, die in andächtiger Erregung vor so vielen so angesagten Konsumprodukten verharren. Von der Aussichtsplattform auf dem Dach überblickt man die radikalste Ecke des Industriequartiers. Geroldstrasse 17. Im Internet unter **www.freitag.ch**.

325
Ein ganz anderes – aber ebenso lebendiges – Zürich trifft man seit Jahrzehnten im legendären »Café Schober« im Niederdorf. In einem wilden Exzess aus bunten Lämpchen und Seidenblumen ist das traditionelle Konditoreicafé eher überwuchert als eingerichtet. Frequentiert wird es von älteren Damen mit frischer Dauerwelle, die wegen der feinen Kuchen und Torten aus allen Gegenden zum konditern anreisen und beratschlagen, ob es nach der Renovierung und einem Pächterwechsel 2008 noch dasselbe ist. Napfgasse 4.

326

Und wenn Ihre Besucher Zürich schon fast auswendig kennen sollten, können Sie mit ihnen eine außergewöhnliche Stadttour mit »Foxtrail« ausprobieren. Dieser Veranstalter bietet Schnitzeljagden durch Zürich an, bei denen man in kleinen Gruppen gegeneinander antritt und verborgene Winkel der Stadt mittels ausgeklügelter Hinweise finden muss. Wer gerne »Um die Ecke gedacht«-Rätsel löst, wird daran großen Spaß haben. Informationen im Internet unter **www.foxtrail.ch** ▸ Wo gibt es Foxtrail? ▸ Zürich.

Shopping

327

Immer am Donnerstag ist in Zürich »Abendverkauf«. Dann haben viele Geschäfte länger geöffnet, meistens bis 20 Uhr.

328

Wer lieber in Boutiquen als in den Filialen der Luxusketten rund um die Bahnhofstrasse einkauft, wird in den Gassen des Niederdorfs froh. Dort gibt es Kleidung, Hüte, Schmuck, Blumen, Antiquitäten, Bücher, Schuhe, hochwertige Dekoration und Edelnippes aller Art zu kaufen. Und dazwischen genügend Cafés, um sich ein bisschen auszuruhen.

329

Am Limmatquai, der parallel zum Niederdorf am Fluss entlangführt, findet man ein eher gängiges bis gehobenes, großstädtisches Angebot an Kleidung, Schuhen und Design.

330

An der Langstrasse trifft man auf ein wildes Spektrum an günstigem, buntem Alltags-, Kleidungs- und Dekorationsbedarf aller Art und Herkunft. Dazwischen finden sich noch einige alteingesessene Fachgeschäfte, wie zum Beispiel das Schuhhaus »Peter & Vreni«. Der optisch völlig unspektakuläre Laden bietet seit den 1970er Jahren ein gutes Angebot an hochwertigen Damen-, Herren- und Kinderschuhen bekannter Marken. »Peter & Vreni« gilt vielen Zürchern als Geheimtipp auf der Suche nach erfreulichen und hochwertigen Schuhen. Langstrasse 225. Geöffnet Montag bis Freitag 9 bis 19 Uhr, Samstag 9 bis 17 Uhr. Im Internet unter **www.schuhmode.ch**.

331

Schuhfetischistinnen, die eine Ader für Vintage – gepflegte Designerstücke aus vergangenen Epochen – haben, werden bei »Lux Plus« in Ekstase verfallen. Ankerstrasse 24 im Kreis 4.
Im Internet unter **www.luxplus.ch**.

332

Falls Sie oder Ihr Besuch zu den Frauen gehören, die Schuhgröße 41 oder größer haben, werden Sie in der Schweiz wahrscheinlich verzweifeln. In vielen Schuhgeschäften endet das normale Angebot bei 40, und für größere Nummern bleiben oft nur bootähnliche Gesundheitsmodelle. Aber zwei Geschäfte in Zürich sind spezialisiert auf große Schuhgrößen: Beim Coop »St. Annahof« gibt es Damenschuhe bis Größe 45.

Auch Männer mit großen Füßen finden hier Schuhe bis Nummer 49. Bahnhofstrasse 57.
»Big Shoes« am Bellevue bietet modische und hochwertige Damenschuhe bis Größe 45. Freieckgasse 7 (Erste Etage über dem Restaurant »Rosaly's«), im Internet unter **www.bigshoes.ch**.

333

Ein in Zürich einzigartiges Angebot aus Porzellannippes, Schweiz-Souvenirs, asiatischem Spielzeug und einer umfangreichen und liebevollen Auswahl von farbenfrohen katholischen Devotionalien findet man bei »Es Cuco«. Und zwar zu sehr günstigen Preisen. Langstrasse 211. Geöffnet Montag und Dienstag 12 bis 18.30 Uhr, Mittwoch und Freitag 11 bis 18.30 Uhr. Donnerstag 11 bis 19 Uhr, Samstag 10 bis 16 Uhr.

334

Wenn Sie einer von den Menschen sind, deren Tag gerettet ist, wenn Sie Gegenstände in Herz- oder Froschform kaufen können, dann kommen Sie um den Geschenk- und Dekorationsladen »Herzlich« im Seefeld nicht herum. In wechselndem Interieur bietet das großräumige Geschäft Schmuck und Innendekorationsgegenstände, die alle entweder Herzform haben oder auf denen eine Froschfigur sitzt. Seefeldstrasse 12 (Kreis 8). Geöffnet Montag bis Mittwoch und Freitag von 9.30 bis 18.30 Uhr, Donnerstag 9.30 bis 20 Uhr, Samstag 9.30 bis 17 Uhr. Im Internet unter **www.herzlich.ch**.

335

Rare Vintage-Schallplatten mit Soul, Untergrundpop, Rhythm'n'Blues und etwas Jazz aus den 50er bis 90er Jahren gibt es bei »16 Tons«. Musikfreaks gilt 16 Tons als der beste – prinzipientreuste und mainstreamfeindlichste – Plattenladen der Stadt. Das geräumige Geschäft führt außerdem eine Auswahl an Vintagemöbeln und -kleidung. Anwandstrasse 25 (Kreis 4). Geöffnet Montag bis Freitag 11 bis 19 Uhr, Samstag 11 bis 17 Uhr. Telefon 044/2 42 02 03.
Spezialisiert auf Rockmusik der Stilrichtung Independent, sowie Avantgarde und elektronische Musik ist »RecRec« an der Rotwandstrasse 64 (Kreis 4). Telefon 044/2 91 46 60. Geöffnet Dienstag bis Freitag 11 bis 19 Uhr, Samstag 11 bis 16 Uhr. **www.recrecshop.ch**.
Eine große und unabhängige Auswahl an Musik auf CD und Vinyl in allen Stilen abseits von Mainstream-Pop bieten auch die beiden Läden von »Jamarico«. Dazu jeweils eine Auswahl von ausgefallenen Kleidern und Accessoires. Stauffacherstrasse 95 am Helvetiaplatz und Niederdorfstrasse 51 im »Döfli«. Im Internet unter **www.jamarico.ch**.

336

Leicht skurriles zeitgenössisches Schmuckdesign kann man bei »Friends of Carlotta« am Neumarkt 22 im Niederdorf finden. Zum Beispiel feingestrickte Röckchen für die Finger oder einen Silberring, der innen mit Pelz gefüttert ist. Dazu kommen regelmäßig wechselnde Verkaufsausstellungen von in- und ausländischen Künstlern. Geöffnet Dienstag bis Freitag 12 bis 14 Uhr und 15 bis 18.30 Uhr. Telefon 044/2 61 87 07, im Internet unter **www.friendsofcarlotta.ch**.

337

Nur wenige Schritte entfernt liegt die »Rahmenvergolderei Mosimann«. Hier gibt es neben kunstvollen Rahmen eine große Auswahl ausgefallener und sehr schöner und hochwertiger Kunstkarten. Das Bezauberndste an dem Geschäft ist aber das selbstgebaute, ausgeklügelte Drehgestell, auf dem diese Karten präsentiert werden. Gehen Sie einmal hinein und drehen Sie daran. Neumarkt 1. Geöffnet Montag bis Freitag 13 bis 18 Uhr.

338

Zeitlos und zerbrechlich sind die ungefähr 1000 Dinge, die man bei »1000 Objekte« kaufen kann. Ein Schwerpunkt liegt bei Glasdesign aus Murano und Skandinavien, darüber hinaus gibt es in dem galerieartigen Laden Wohn- und Kunstobjekte des 20. Jahrhunderts, Bildbände und viele kleine Designgeschenke zu kaufen. Schoffelgasse 3 (Kreis 1). Geöffnet Dienstag bis Freitag 11 bis 19 Uhr, Samstag 11 bis 17 Uhr. Im Internet unter **www.1000objekte.ch**.

339

Seit über zehn Jahren kann sich das Schweizer Modelabel »beige« am Markt halten. Unter diesem Namen entwerfen und verkaufen zwei Zürcher Designerinnen leichtes und sehr stylisches Strickdesign für Frauen.

Die Stücke sind schmal geschnitten und haben mit Selbstgestricktem nicht das Geringste gemeinsam. Das Geheimnis von »beige« liegt nämlich in einem feinmaschigen, zarten Reliefstrick. Dazu passen einige ebenfalls selbstentworfene Accessoires wie Gürtel und Mützen. Alle Teile werden in der Schweiz gefertigt. Sind aber in den allerseltensten Fällen beige. Josefstrasse 10 (Kreis 5). Geöffnet Dienstag bis Freitag 12 bis 19 Uhr, Samstag 12 bis 17 Uhr. Im Internet unter **www.beige.ch**.
Auch Adam Brody bietet hochwertiges Design für Frauen. Seine Kreationen sind meist eher in gedeckten Farben und in fließenden, ganz leicht figurbetonten Schnitten gehalten. Und zwar in den Größen 38 bis 54. Auf Wunsch auch maßgefertigt. Stockerstrasse 48 (Kreis 1). Geöffnet Montag bis Freitag 10 bis 18.30 Uhr, Samstag 10 bis 16 Uhr.
Im Internet unter **www.adambrody.ch**.

340

Gäste, die gerne in architektonisch anspruchsvollen Einkaufstempeln unterwegs sind, sollten Sie unbedingt in die »Sihlcity« im Enge-Quartier führen. Die riesige Konsumanlage auf dem Gelände einer ehemaligen Papierfabrik wurde erst 2007 eröffnet und beinhaltet neben unzähligen Geschäften nicht nur Arztpraxen, eine Kleinkunstbühne und einen Nachtclub, sondern auch ein Hotel und eine kleine Kapelle mit Seelsorge. Geschäfte geöffnet Montag bis Samstag von 9 bis 20 Uhr. Kalanderplatz 1. Informationen im Internet unter **www.sihlcity.ch**.

Umland und Ausflüge

341

Der Üetliberg wird so gut wie nie ohne den Zusatz »Hausberg der Zürcher« erwähnt. Die Zürcher nennen ihn »Üetzgi«. Am Wochenende ist die ganze Stadt dort oben unterwegs. Von hier hat man eine wunderbare Aussicht über Zürich und auf die Alpen. Anfahrt siehe Punkt 273.

342

Der Bruno-Weber-Park in Dietikon ist einer der größten Skulpturenparks der Schweiz, und der gleichnamige Zürcher Künstler hat sich damit einen Lebenstraum verwirklicht. Seine Skulpturen sind mehrere Meter hohe, in Beton gegossene Fabelwesen. Vom Bahnhof Dietikon zum Park führt der Skulpturenweg mit bunten, mosaikartig verzierten Figuren, die mit ein bisschen Phantasie irgendwo zwischen Gaudì und Hundertwasser angesiedelt sind. Spreitenbach, 8953 Dietikon. Erreichbar von Zürich mit der S 12 oder S 3. Geöffnet von April bis Oktober immer am Samstag und an jedem ersten Sonntag im Monat von 13 bis 17 Uhr.

Informationen im Internet unter **www.bruno-weber-skulpturenpark.ch**.

343

Oder fahren Sie nach Zug. Zug ist ein kleines, noch immer einigermaßen lauschiges Städtchen am Zugersee in der Zentralschweiz. Zug ist umgeben von Bergen und besteht weitgehend aus niedlichen Häusern. Sieht also genauso aus, wie man sich im Ausland die Schweiz vorstellt. Zug ist besiedelt von Banken und weltweit operierenden Firmen. Funktioniert also auch genauso, wie man sich im Ausland die Schweiz vorstellt. Nur in New York, London und Tokio wird etwa mehr Rohöl gehandelt als in Zug. Aber die ganz großen Finanzdeals werden in unauffälligen Geschäftsräumen abgeschlossen, und davon sieht man natürlich bei einem Besuch nichts. So bleibt Zug für Besucher einfach nur herzig, und ein Ausflug dorthin lohnt sich deshalb unbedingt. Vom Hauptbahnhof Zürich ist man in einer halben Stunde da.

344

Als die schönste Stadt der Schweiz gilt vielen außereuropäischen Besuchern Luzern. Dazu mögen die Lage am Vierwaldstädtersee, die Berge und die elegante Architektur der vorletzten Jahrhundertwende beitragen. Luzern ist aber auch eine Hochburg für modernes Design, unter anderem durch die hier ansässige Hochschule für Design und Kunst. Das schicke Bahnhofsgebäude wurde von dem spanischen Architekten Santiago Calatrava entworfen. Lieblingsattraktion für

Touristen ist aber die hölzerne »Kapellbrücke« mit dem achteckigen Wasserturm, die als Meisterwerk mittelalterlicher Baukunst über den Fluss Reuss führt und nach einem Brand vor ein paar Jahren wieder originalgetreu aufgebaut wurde. Mit dem Zug dauert die Fahrt von Zürich Hauptbahnhof rund 50 Minuten.

345

Das Städtchen Winterthur liegt noch näher und ist eine Art Außenstelle der Zürcher Kulturszene. Ein Ausflug hierhin lohnt sich vor allem, wenn Sie oder Ihre Gäste sich für Fotografie und moderne Kunst interessieren. In »Winti« gibt es das sehr renommierte »Fotomuseum Winterthur« mit immer großartigen Ausstellungen. Winterthur verfügt auch sonst über ein exquisites Kulturangebot und eine hübsche Innenstadt. Ein Großteil dessen, was in Winterthur los ist, ist in den Zürcher Veranstaltungskalendern aufgeführt.

346

Das Benediktinerkloster Einsiedeln ist einer der Hauptschauplätze katholischer Kulturgeschichte in der Schweiz und hat die Ortschaft zu einem der bekanntesten Wallfahrtsorte des Landes gemacht. Tatsächlich wurde das Kloster früher als die Eidgenossenschaft gegründet – vor über 1000 Jahren. Das gilt auch für das zum Kloster gehörende Pferdegestüt. Es ist das älteste in Europa und bringt – natürlich – die Pferderasse der »Einsiedler« hervor, die früher »Cavalli della

Madonna« hießen. 8840 Einsiedeln. Informationen im Internet unter **www.kloster-einsiedeln.ch**.

347

Immer wieder beliebt und beeindruckend ist eine Fahrt auf den Titlis in der Innerschweiz. Der Berg ist gut 3200 Meter hoch und wird von Engelberg aus mit verschiedenen Luftseilbahnen erreicht. Oben kann man in Gesellschaft von frierenden, aber begeisterten Indern Fondue essen. Bei Gästen aus Indien ist der Titlis vor allem deshalb legendär, weil hier immer wieder Sing- und Tanzszenen für farbenprächtige Bollywood-Schmonzetten gedreht werden. Eine gut achtstündige Bustour für Touristen zum Titlis bietet zum Beispiel das Tourismus-Unternehmen »Meier Tours« an. Die Fahrt beginnt täglich um zehn Uhr auf dem Busparkplatz »Sihlquai« hinter dem Zürcher Hauptbahnhof. Am dortigen Verkaufsstand gibt es auch die Karten zu kaufen.

348

Ein hübscher Ausflug innerhalb von Zürich könnte ein Spaziergang durch das Randquartier Schwamendingen sein. Es liegt mit dem Tram nur eine gute Viertelstunde vom Hauptbahnhof entfernt und grenzt direkt an den Wald. Von der Tramstation »Schwamendingerplatz« spaziert man durch den alten Dorfkern die Hüttenkopfstrasse hinauf. Am Ende wartet das bodenständige Restaurant »Ziegelhütte«, von dem aus man einen weiten Blick über den Norden von Zürich hat.

349

Und wenn man schon einmal in Schwamendingen ist, könnte man in den »Waldgarten« einkehren. Das elegante Lokal gilt als Geheimtipp in einem an Feinschmeckeradressen nicht übermäßig gut ausgestatteten Quartier. Der Waldgarten befindet sich an der Winterthurerstrasse 348 und hat die Telefonnummer 044/3 22 82 00. Eine Reservation ist sinnvoll.

350

Wenn sich Kinder unter Ihren Besuchern befinden, lohnt sich vielleicht auch eine Fahrt in das Erlebnisbad »Alpamare«. Es befindet sich rund 40 Kilometer von Zürich entfernt in Pfäffikon und galt einmal als eine der Hauptfreizeitattraktionen in der Schweiz. Gwattstrasse 12 in 8808 Pfäffikon. Geöffnet täglich von 10 bis 22 Uhr, am Freitag und Samstag bis 23 Uhr. Informationen im Internet unter **www.alpamare.ch**.

351

Oder Sie fahren zum Essen ins »Runway 34«. Mit diesem Restaurant hat sich der Pilot Reto Seipel einen Traum verwirklicht: Das Lokal befindet sich in einem Flugzeughangar, die Tische stehen unter einer ausrangierten Iljuschin 14 aus dem Jahr 1957. Und wer hier kein Fernweh und keine Lust aufs Fliegen bekommt, dem gefällt es zu Hause fast zu gut. Rohrholzstrasse 67 in 8152 Glattbrugg. Informationen im Internet unter **www.runway34.ch**.

Restaurants

352

In Zürich gibt es eine riesige Auswahl von guten Restaurants. Darum steht hier nur eine kleine Auswahl von Lokalen, die so teuer sind, dass Sie sich unbedingt von Ihrem Besuch dorthin einladen lassen sollten. Oder so nett, dass die Gäste schon bald selber erwägen, nach Zürich zu ziehen.

353

Spitzenküche bietet das elegante »Spice« alias »Restaurant Rigiblick« mit angeschlossenem Bistro, das hoch über dem Stadtzentrum liegt und mit einem historischen Standseilbähnchen zu erreichen ist. Geführt wird es von dem vielfach preisgekrönten Kochpaar Lucia und Felix Eppisser, dessen Liebe der leichten und kreativen Küche mit panasiatischen Einflüssen gehört. Geöffnet ist Dienstag bis Samstag 9 bis 24 Uhr, Sonntag und Montag geschlossen. Die Küche ist geöffnet von 11.30 bis 14 Uhr und von 18.30 bis 22 Uhr. Frühzeitige Reservierung ist unbedingt empfohlen.
Im Dachgeschoss gibt es einige elegante Apartments, die an Übernachtungsgäste vermietet werden. Germa-

niastrasse 99. Telefon 043/2 55 15 70. Im Internet unter **www.restaurantrigiblick.ch**.

354

Der »Kropf« in der Altstadt ist urig und charmant. Hier bekommt man bodenständige Schweizer Küche auf Wurstbasis, dazu viel gutes Bier und lebhafte Atmosphäre im Ambiente der üppig bemalten und vertäfelten historischen Bierhalle. Geöffnet täglich außer Sonntag, immer 11.30 bis 23.30 Uhr. In Gassen 16, Telefon 044/2 21 18 05.

355

Die »Alpenrose« verbindet hochwertige und kraftvolle Schweizer Küche und eine passende Weinkarte mit bodenständiger Eleganz: Die Wände sind vertäfelt, die Tische aus dunklem Holz und weiß eingedeckt. Ein Lieblingslokal der Kulturschaffenden im Kreis 4. Fabrikstrasse 12. Geöffnet Dienstag 18 bis 24 Uhr, Mittwoch bis Freitag 11 bis 24 Uhr, Samstag 18 bis 24 Uhr, Sonntag 18 bis 23 Uhr. Tel. 044/2 71 39 19. Unbedingt reservieren. Informationen im Internet unter **www.restaurant-alpenrose.ch**.

356

Groß und sehr angesagt ist das »LaSalle« im Schiffbau. Hier isst man vor, während oder anstelle eines Theaterbesuchs im Schauspielhaus in gestylter, aber warmherziger Industrieatmosphäre. Das Hauptgewicht der Küche liegt auf moderner Interpretation der italienischen und französischen Kochkunst, zubereitet mit vorwiegend regionalen und saisongerechten Zutaten. Schiffbaustrasse 4. Telefon 044/2 58 70 71 oder im Internet unter **www.lasalle-restaurant.ch**.

357

Der moderne Glaspavillon am Hafen Riesbach, in dem das Restaurant »Kiosk am See« residiert, hat einen Architekturpreis gewonnen. Hier kocht die Spitzenköchin Irma Dütsch mit vorwiegend italienischen Schwerpunkten. Wer mag, bekommt auch Pizza aus dem Holzofen. Im Sommer gibt es eine tolle Terrasse. Seefeldquai 51, Telefon 043/8 18 60 50. Geöffnet täglich 9 bis 24 Uhr. Im Internet unter **www.restaurant kiosk.ch**.

358

Ein Klassiker seit vielen Jahrzehnten ist die »Kronenhalle«. Hier saßen schon Frisch und Dürrenmatt und stritten sich. Berühmt ist die Kunstsammlung an den Wänden und die eher schwere, klassische Küche. Rämistrasse 4. Telefon 044/2 62 99 00. Im Internet unter **www.kronenhalle.com**.

359

Seit einigen Jahren wird das »Ristorante Heimelig« im Seefeld-Quartier von Carlo Bernasconi geführt. Dieser ist eine schillernde Figur im Zürcher Journalismus. Unter anderem war er einer der ersten Gastrokritiker der Schweiz, und seine Leidenschaft gilt ebenso der Literatur wie der authentischen italienischen Küche. Zusammen mit seiner Tochter betreibt er das familiäre

Lokal mit integrierter Buchhandlung. Es befindet sich an der Fröhlichstrasse 39. Geöffnet ist jeweils abends ab etwa sieben Uhr, Sonntag und Montag geschlossen. Reservierungen sind unbedingt empfohlen: Telefon 044/3 83 21 39.

360

Das gediegene »Terroir« befindet sich direkt neben dem Schauspielhaus am Pfauen und wird entsprechend von der Kulturwelt frequentiert. Hier bekommt man als Gast modern interpretierte, anspruchsvolle Schweizer Küche geboten. Und zwar mit radikalem Ansatz: vom Fleisch bis zum Salz stammen alle Produkte aus dem Inland und aus hochwertigster Produktion. Egal ob Sirup oder Kalbsfilet, der einheimische Produzent ist in der eleganten Speisekarte direkt daneben aufgeführt. Und Coca Cola gibt es hier natürlich nicht. Rämistrasse 32, Telefon 044/2 62 04 44. Geöffnet täglich von 11.30 bis 14.30 und von 18 bis 23.30 Uhr.

Andenken, Erinnerungen und Souvenirs

361

Wer sich für die Freitag-Kuriertaschen zu schick oder zu erwachsen fühlt und trotzdem eine schöne, funktionale, echte Schweizer Tasche mit nach Hause nehmen möchte, soll einmal bei »Rossis« vorbeischauen. Francesco Rossi gründete sein Label vor über 20 Jahren und hat bis heute seine Position als Designer von urbanen Accessoires halten können. Seine stilvolle Baby-Wickeltasche, die von einigen Kliniken an Mütter verteilt wird, sichert die Fans in der nächsten Generation. Die Läden liegen Torgasse 1 und Strehlgasse 27, beide im Niederdorf. Im Internet unter **www.rossis.ch**.

362

Kleine, aber hochwertige Mitbringsel aus einheimischem Designerschaffen stehen genau für den modernen Stil der Stadt. Die jüngere, kreative Szene von Zürich gibt sich in jeder Situation lässig. Aber Eingeweihte erkennen sofort, dass es sich auch beim scheinbar banalsten T-Shirt und dem schlichtesten Täschchen um ein hochwertiges Stück handelt, das man nicht überall von der Stange kaufen kann.

Eine vielfältige und witzige Auswahl von solchen typisch zürcherischen Designerstücken findet man bei »Saus & Braus«. In dem bunten Geschäft gibt es witzigen Schnickschnack wie Filzbilderrahmen für den Kühlschrank oder wirklich ansehnliche Einkaufswagen, ausgefallenen Silberschmuck, schöne Lämpchen und eigenwillige Kleidungsstücke und Accessoires. Alle Stücke stammen aus Kleinserien von Schweizer Designern und sind gar nicht absurd teuer. Ankerstrasse 14, Kreis 4. Geöffnet Montag bis Freitag von 12 bis 19 Uhr, am Samstag von 10 bis 16 Uhr. Informationen im Internet unter **www.sausbraus.ch**.
Sehr beliebt bei trendbewussten T-Shirt-Trägern auch in Deutschland ist das »Tiischi«-Label »Erfolg«. Auch die »Erfolg«-Shirts werden aus erstklassigen Materialien in der Schweiz gefertigt und bezaubern durch zurückhaltendes, aber originelles Design. Der Zürcher »Erfolg«-Laden befindet sich an der Löwenstrasse 2 an der Sihlporte. Geöffnet Dienstag bis Freitag 11 bis 19 Uhr, Samstag 10 bis 17 Uhr. Informationen im Internet unter **www.ichwillerfolg.ch**.

363

Weltberühmt unter Seidenkennern sind die Zürcher Familie Stutz und ihr Seidenlabel »Fabric Frontline«. Im »Seidensalon« an der Ankerstrasse 118 (im zweiten Hof) gibt es wunderschöne, hochwertige Seidenstoffe zu kaufen. Ab Meter oder zu Krawatten, Kissen und Schals verarbeitet. In unmittelbarer Nähe befindet sich das hauseigene Restaurant »Seidenspinner«, das vom Schweizer Künstler Ugo Rondinone gestaltet wurde – natürlich in Ahnlehnung an das Hauptgewerbe der Familie Stutz: die Seide. Eine zweite Boutique von Fabric Frontline befindet sich an der Bahnhofstrasse 25 im Lichthof der »Credit Suisse«. Im Internet unter **www.fabricfrontline.ch**.

364

Möchte Ihr Besuch doch geschnitzte Kühe, Glocken, Messer und Holzspielzeug aus der Schweiz mit nach Hause nehmen? Dann gehen Sie mit ihm in eines der Andenkengeschäfte von Albert Schild, das bereits in vierter Generation traditionelles Schweizer Kunsthandwerk anbietet. Eines befindet sich an der Schipfe 49 in der Innenstadt. Geöffnet ist von April bis Oktober und im Dezember. Mittwoch bis Freitag 14 bis 18.30 Uhr, am Samstag von 11 bis 17 Uhr. Eine zweite Filiale ist im Landesmuseum (siehe Punkt 309) untergebracht. Dieses ist ganzjährig von Dienstag bis Sonntag 10 bis 17 Uhr geöffnet.

365

Auch das renommierte »Heimatwerk« bietet hochwertiges Schweizer Kunsthandwerk, wobei man zwischen eher traditionellen und sehr modern gestalteten Teilen – zum Beispiel einem preisgekrönten, dreieckigen »Kartoffelwärmer« aus Wollfilz – wählen kann. Und wo Sie schon einmal hier sind, können Sie auch gleich selbst zugreifen. Zum Beispiel bei einem der hammerschweren Käsefonduesets »Kuh« oder »Edelweiss«. Mit einem solchen Geschirr im Schrank können Sie im Notfall überall auf der Welt beweisen, dass

Sie in Zürich nicht nur überlebt, sondern auch Ihren Haushalt an die eidgenössischen Essgewohnheiten angepasst haben. Geschäfte in der Uraniastrasse 1 und in der Bahnhofstrasse 2. Geöffnet Montag bis Freitag 9 bis 20 Uhr, Samstag 9 bis 17 Uhr, im Internet unter **www.heimatwerk.ch**

Ein paar tröstende Worte zum Schluss

Je mehr sie über Zürich und die Zürcher hören, desto eher bekommen manche Deutsche ein bisschen Angst. Oder schlechte Laune. Vor allem, wenn sie vorhaben, in absehbarer Zeit selbst dorthin zu ziehen, und wenn sie sich ein Leben in der Schweiz bisher einfach nur nett vorgestellt haben. Dann klingt das, was sie von Landsleuten – oder aus Büchern und Medienberichten – über Zürich hören, manchmal etwas abschreckend. Das ist natürlich schade. Darum: Glauben Sie bloß nicht alles! Wer sich ein bisschen auskennt, übertreibt gegenüber den Unkundigen gern.

Nicht alle Zürcher sind abweisend, wenn sie Hochdeutsch hören. Nicht jeden muss man 20 Jahre kennen, um einmal zu ihm nach Hause eingeladen zu werden. Und auch längst nicht jeder Einheimische fühlt sich bedroht von den vielen Auswärtigen, die in den letzten Jahren zugezogen sind. Auch dann nicht, wenn sie aus dem so viel größeren Nachbarland kommen und beim besten Willen nur hochdeutsch sprechen können.

Manche Zürcher – erst recht die weitgereisten – empfinden ihre meckernden Landsleute in dieser Hinsicht manchmal selbst als ein bisschen weinerlich. Auch viele Deutsche, die schon eine Weile an der Limmat leben, verstehen nicht die Zeitungsberichte und Fernsehbeiträge, in denen über die scheinbar so tiefe Abneigung gegen sie berichtet wird. Denn sie erleben die Schweizer ganz anders. Sie begegnen freundlichen Kollegen, herzlichen Nachbarn und hilfsbereiten Vermietern. Sie kennen die Zürcher als weltoffen und gelassen, als gutgelaunte Großstädter, die sich über Kontakte mit Menschen unterschiedlicher Nationalitäten freuen. Als Einheimische, die den Hauch von Internationalität und Metropolenstimmung genießen, den Zürich in den letzten Jahren immer deutlicher bekommt.

Darum werden Ihnen manche Dinge in diesem Buch gar nicht begegnen. Andere wirken im Vergleich zur Realität sehr übertrieben. Ein paar davon werden aber auch voll und ganz zutreffen. Es ist bloß nicht vorauszusagen, welche das im Einzelfall sein werden. Sehr gut möglich ist es auch, dass die Zürcher, die Sie nach Hinweisen in diesem Buch fragen, den Kopf schütteln und sagen, dass es da doch viel bessere Tipps gäbe: eine viel lauschigere Badi, ein viel abwechslungsreicherer Spaziergang, ein viel geheimerer Geheimtipp. Das ist überhaupt das Beste, was Ihnen passieren kann: Dass Sie Freunde und Begleiter in der Stadt finden und überhaupt nicht mehr auf ein solches Buch angewiesen sind.

Anhang

Downloads

zu Punkt 38:
Das »Antragsformular Übersiedlungsgut« finden Sie im Internet unter:

www.ezv.admin.ch ▸ Zollinformation privat ▸ Umzug, Heirat, Erbschaft ▸ Formular Übersiedlungsgut (in der rechten Menüspalte unter »Formulare«).

Das Merkblatt zur korrekten Auflistung des Umzugsgutes kann hier heruntergeladen werden:

www.ezv.admin.ch ▸ Zollinformation privat ▸ Umzug, Heirat, Erbschaft ▸ Publikationen »Zollbehandlung von Übersiedlungsgut«

zu Punkt 43:
Eine Parkkarte für Anwohner können Sie hier online beantragen:

www.stadt-zuerich.ch ▸ Stadt Zürich A–Z ▸ Parkkarten ▸ Parkkarten beziehen (in der linken Menüspalte) ▸ Anwohner ▸ PDF-Antragsformular herunterladen

zu Punkt 71:
Ein Merkblatt zur Krankenversicherungspflicht in Zürich finden Sie im Internet unter:

www.stadt-zuerich.ch ▸ Stadt Zürich A–Z ▸ Krankenversicherung ▸ Versicherungspflicht ▸ Merkblatt zur Krankenversicherungspflicht (PDF)

zu Punkt 102:
Ein Merkblatt zum »Selbstimport leichter Motorfahrzeuge« finden Sie im Internet unter:

www.stva.zh.ch ▸ Selbstimport Fahrzeug ▸ Selbstimport leichte Motorfahrzeuge (PDF)

zu Punkt 150:
Eine Liste mit den Meetings der Anonymen Alkoholiker in Zürich finden Sie unter:

www.anonyme-alkoholiker.ch ▸ AA Meetings ▸ Meetings ▸ Schweiz ▸ Zürich

Die Meetings der Narcotics Anonymous sind hier aufgelistet:

www.narcotics-anonymous.ch ▸ Deutschschweiz ▸ deutsch ▸ Meetings ▸ suchen ▸ Zürich (ins Suchfenster unter »Kanton« eingeben)

zu Punkt 264:
Die Broschüre mit den Joggingstrecken in der Stadt Zürich finden Sie unter:

www.stadt-zuerich.ch ▸ Stadt Zürich A–Z ▸ Sportamt ▸ Anlagen (Menü auf der linken Seite) ▸ Laufen ▸ ewz Laufguide (PFD)

Quellen (Auswahl)

Kosch, Arlette: Literarisches Zürich, Berlin 2002. (Motto)

Foppa, Daniel: Berühmte und vergessene Tote auf Zürichs Friedhöfen. Zürich 2000.